LIBRO PARA COLOREAR
MANDALAS
para liberar la mente

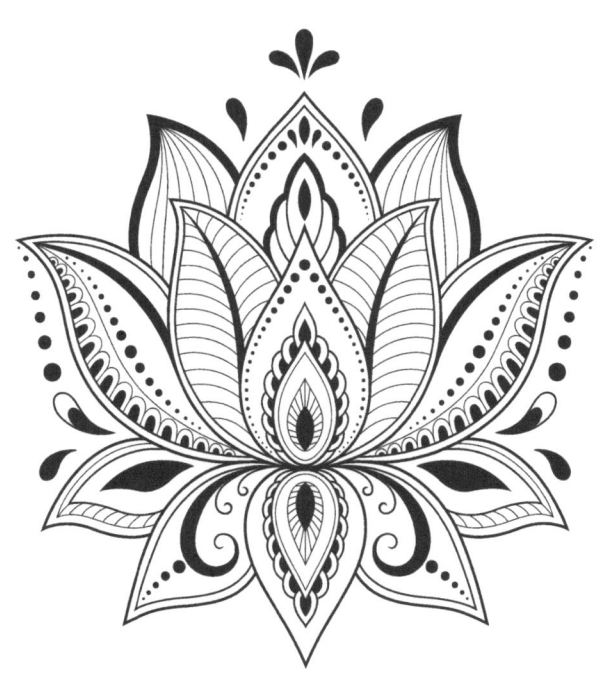

LIBRO PARA COLOREAR
MANDALAS
para liberar la mente

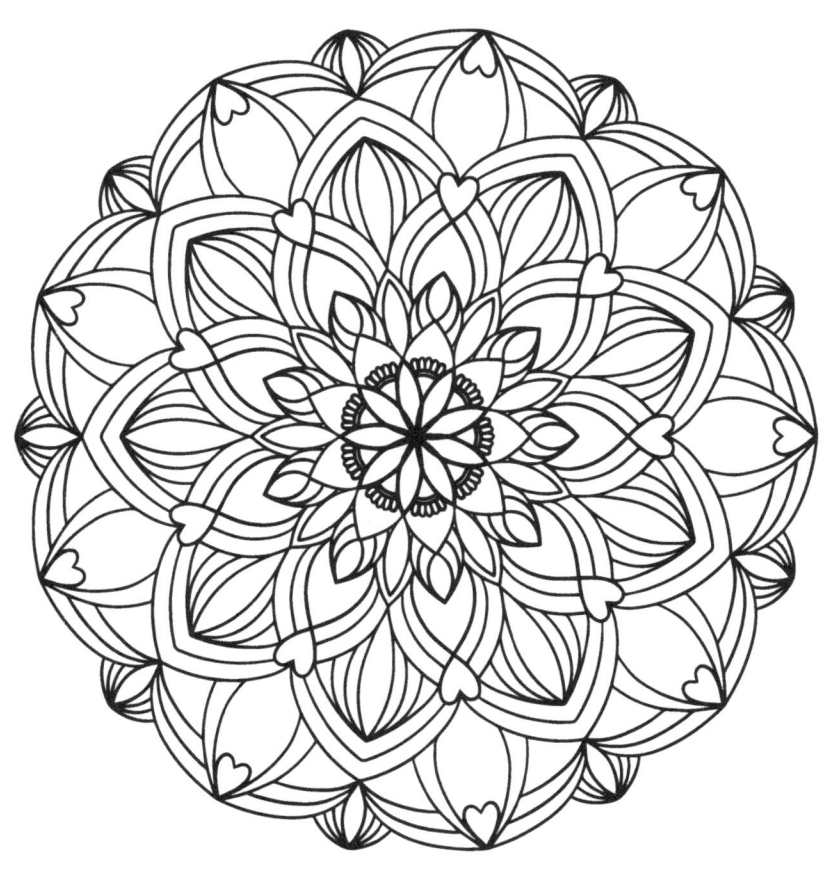

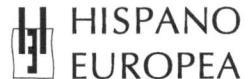

HISPANO
EUROPEA

Título de la edición original: Mandalas Colouring Book

Copyright © Arcturus Holdings Limited
26/27 Bickels Yard, 151–153 Bermondsey Street,
London SE1 3HA

© de la edición en castellano, 2023:
Editorial Hispano Europea, S. A.
E-mail: hispanoeuropea@hispanoeuropea.com

Depósito Legal: B 8521-2023
ISBN: 978-84-255-2158-4

Consulte nuestra web:
www.hispanoeuropea.com

Impreso en España

Introducción

Este libro contiene una colección de encantadores contornos de mandalas listos para que colorees y diseñes los tuyos propios. Los mandalas son símbolos espirituales que representan la totalidad y el equilibrio universales. Se encuentran en muchas culturas y se utilizan para realizar ritos sagrados y como instrumentos para la atención plena y la meditación.

Desde hace mucho tiempo se piensa que dibujar y colorear mandalas tiene un efecto terapéutico. Encontrar un momento tranquilo para concentrarse en esta actividad ayuda a calmar y liberar la mente, y fomenta la autoexpresión instintiva.

Los mandalas incluidos aquí ofrecen una interpretación moderna del símbolo familiar, utilizando gráficos abstractos e imágenes del mundo natural para crear formas arremolinadas. Todo lo que necesitas para completarlos es tu imaginación y un juego de bolígrafos, rotuladores o lápices de colores.

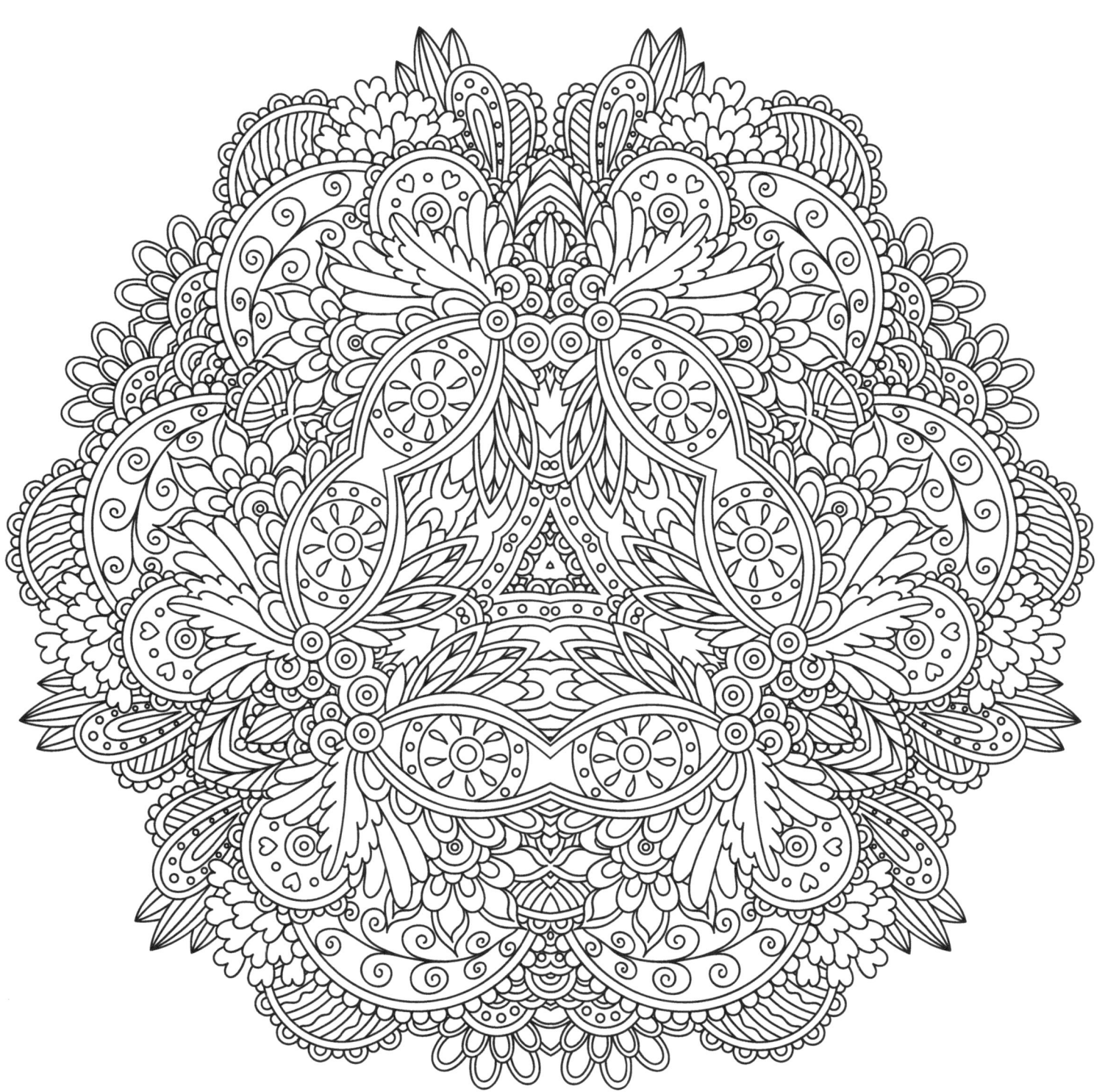

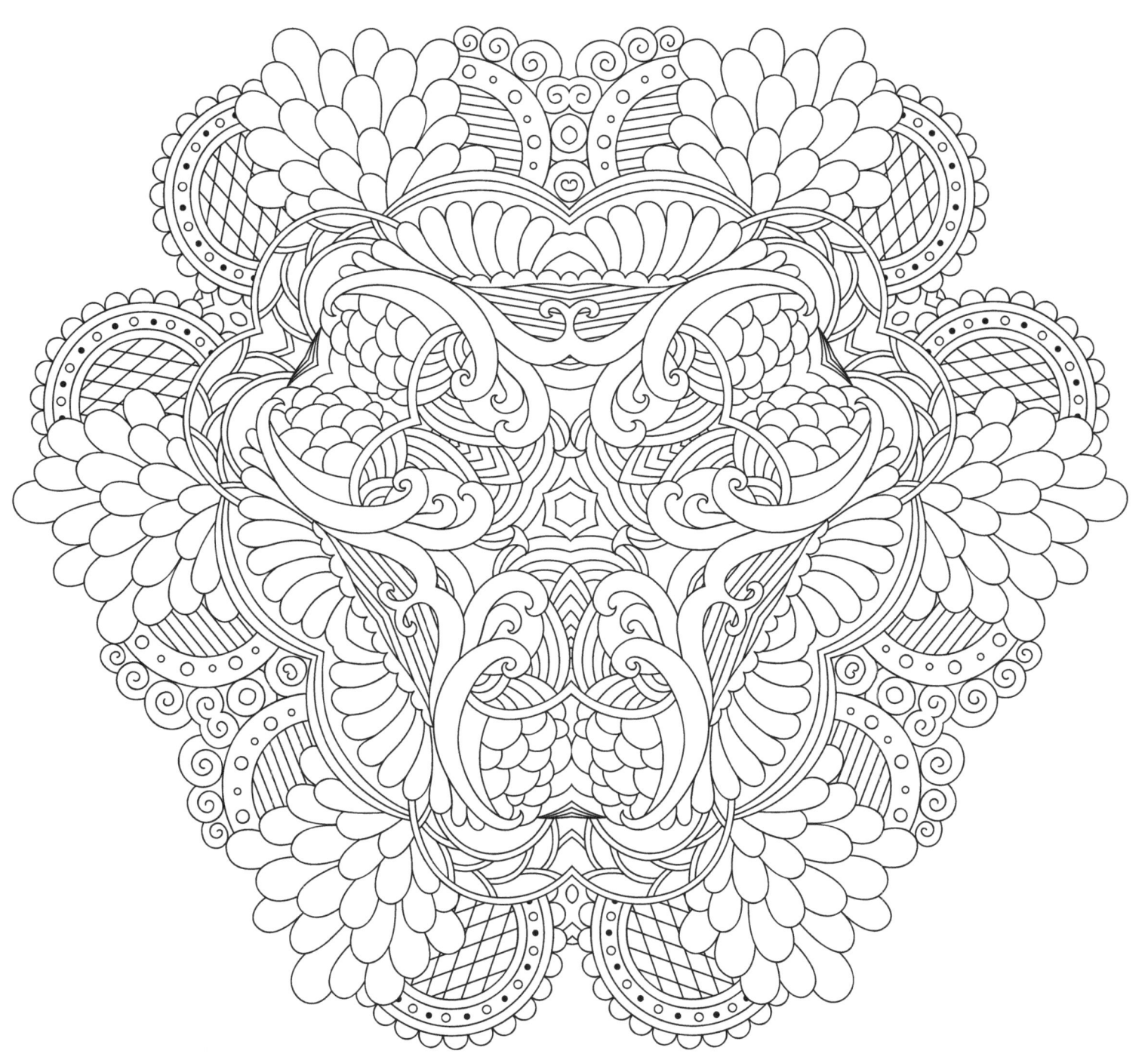

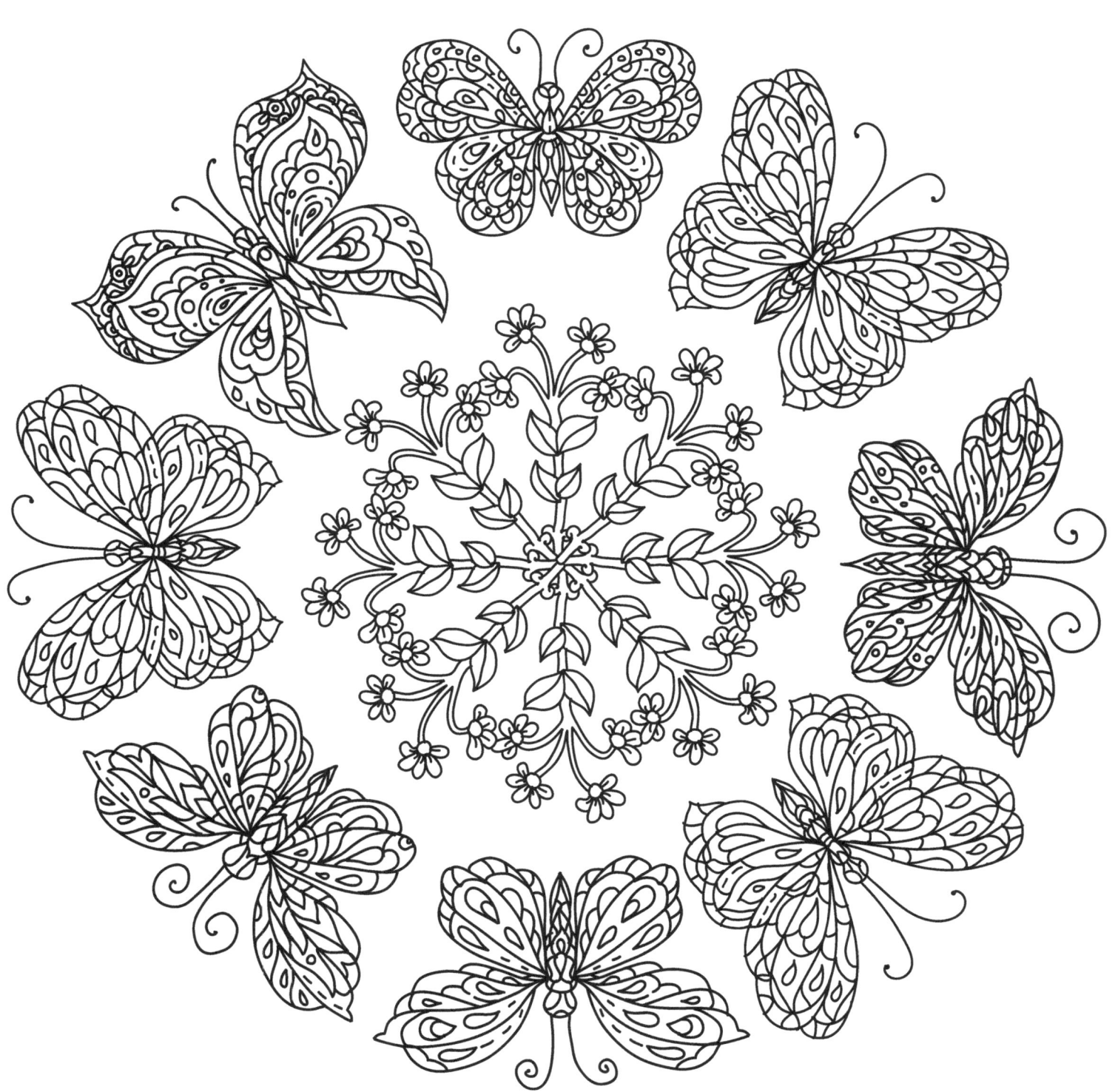

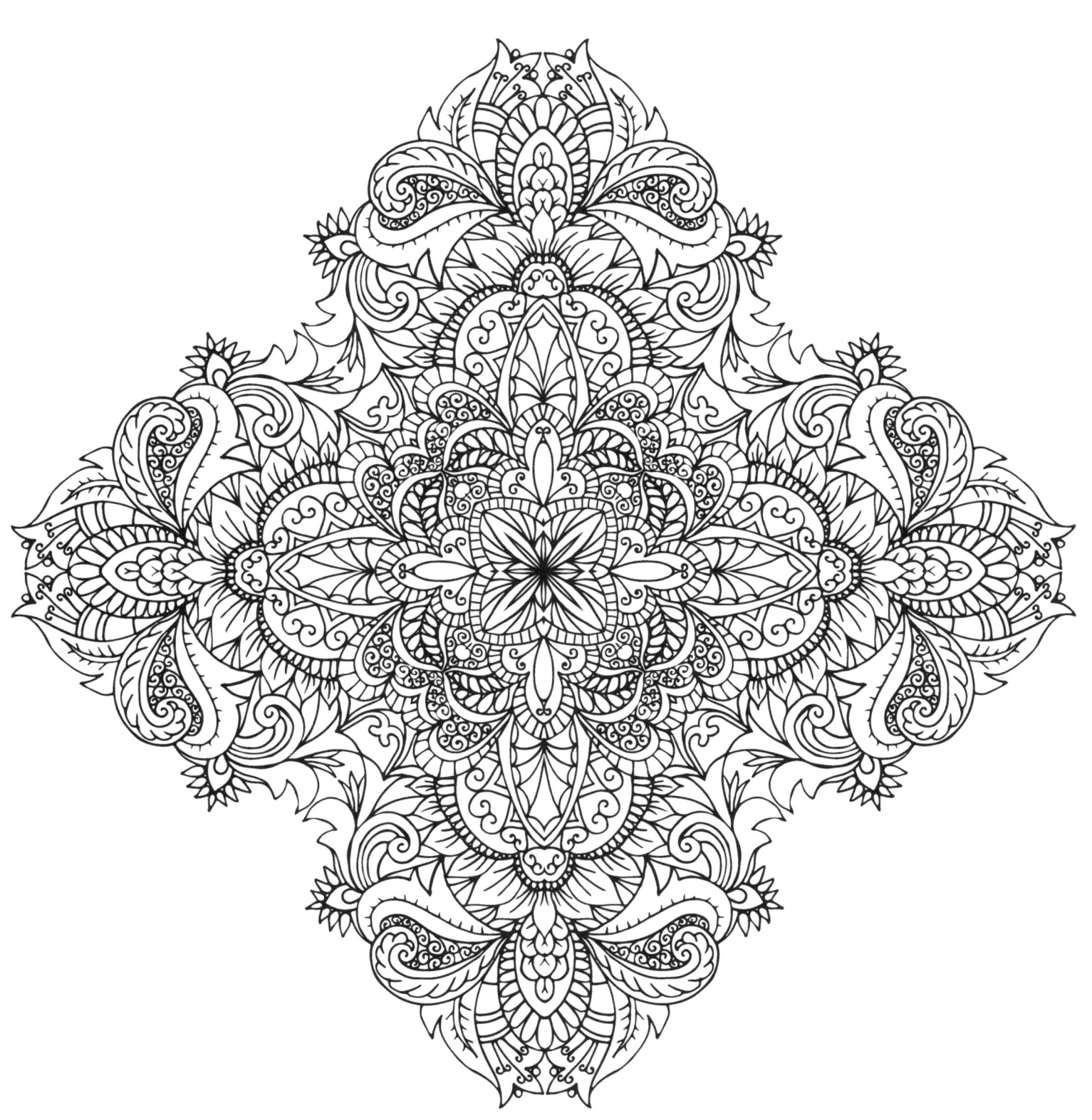

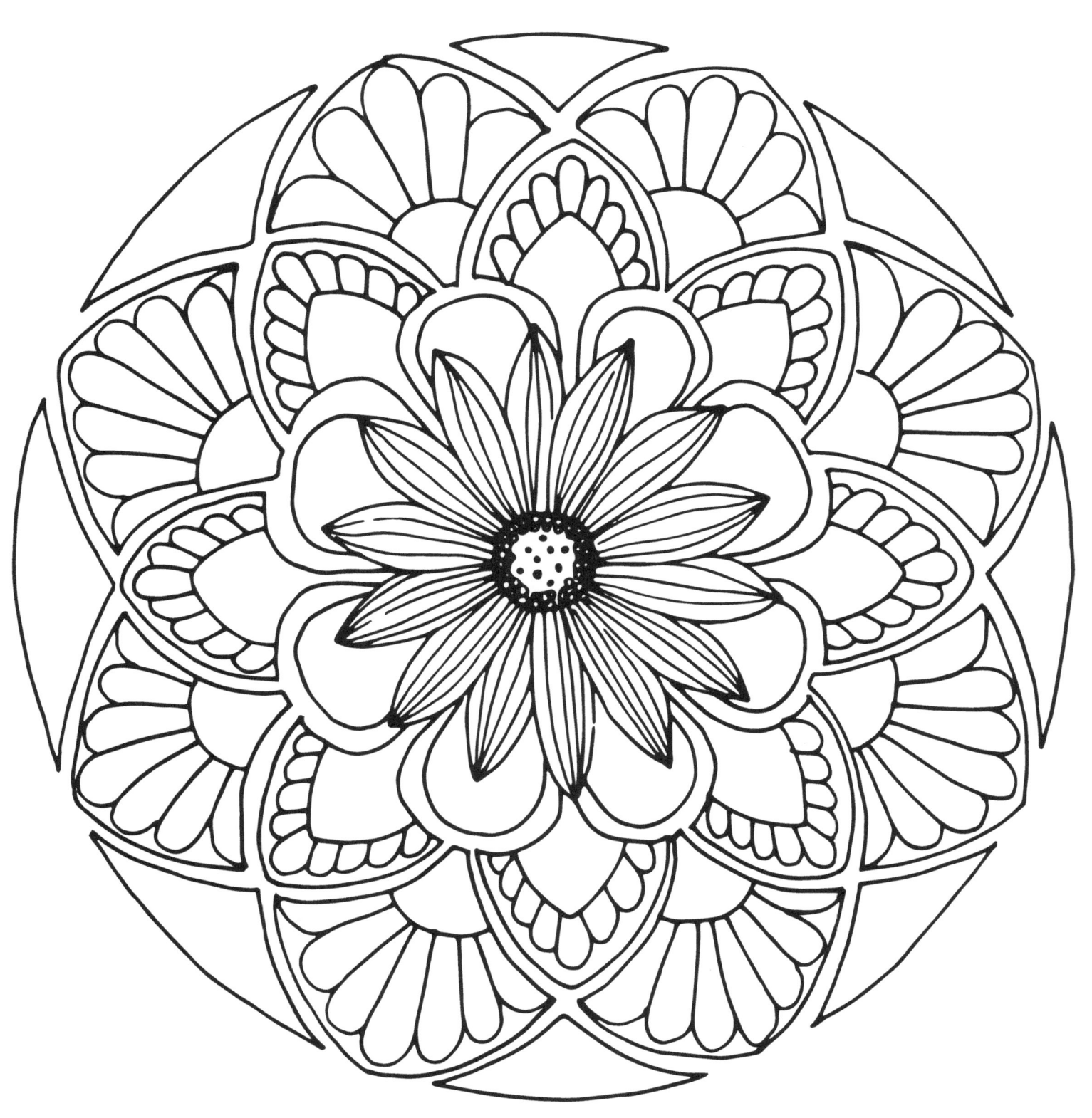

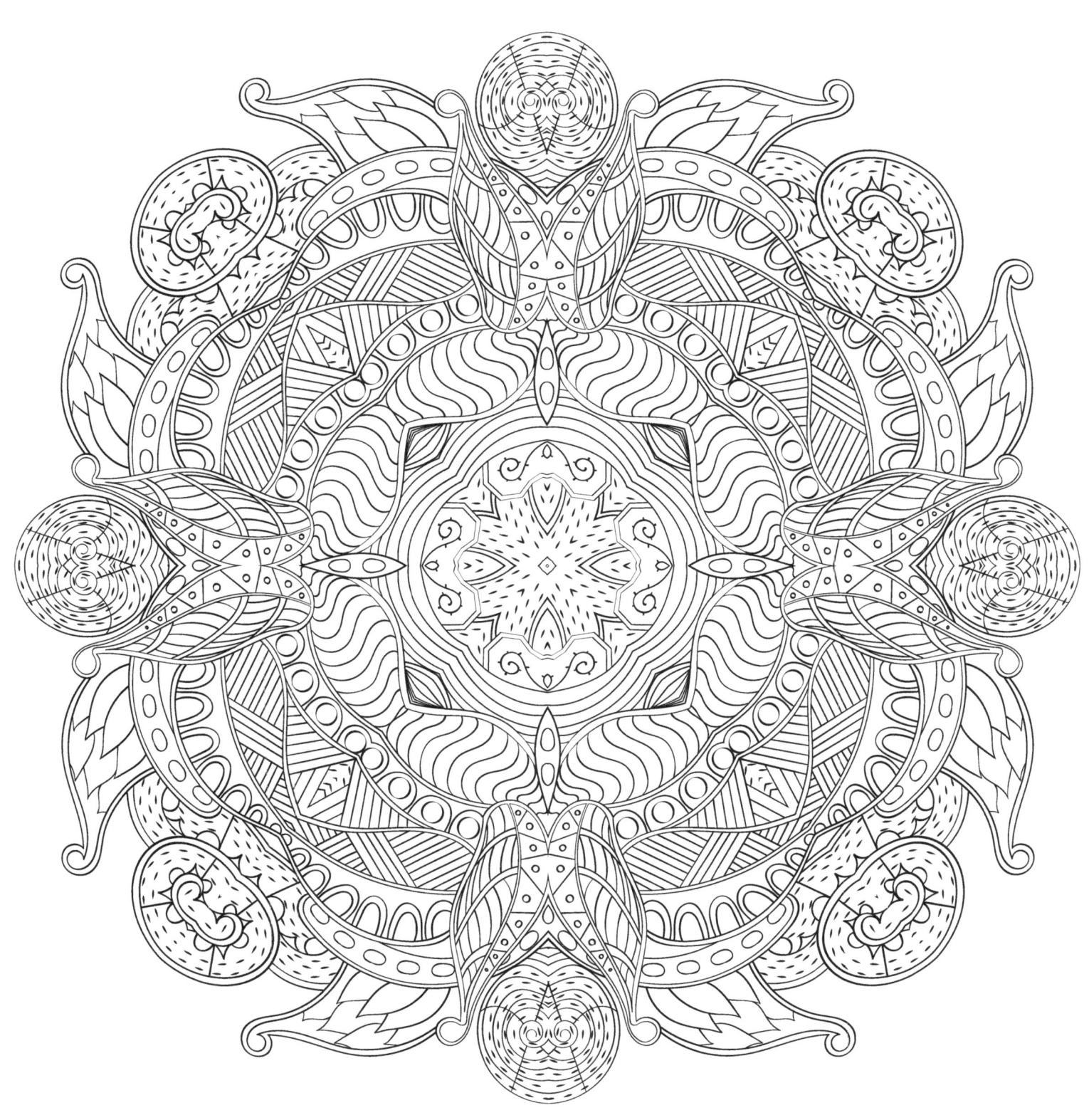

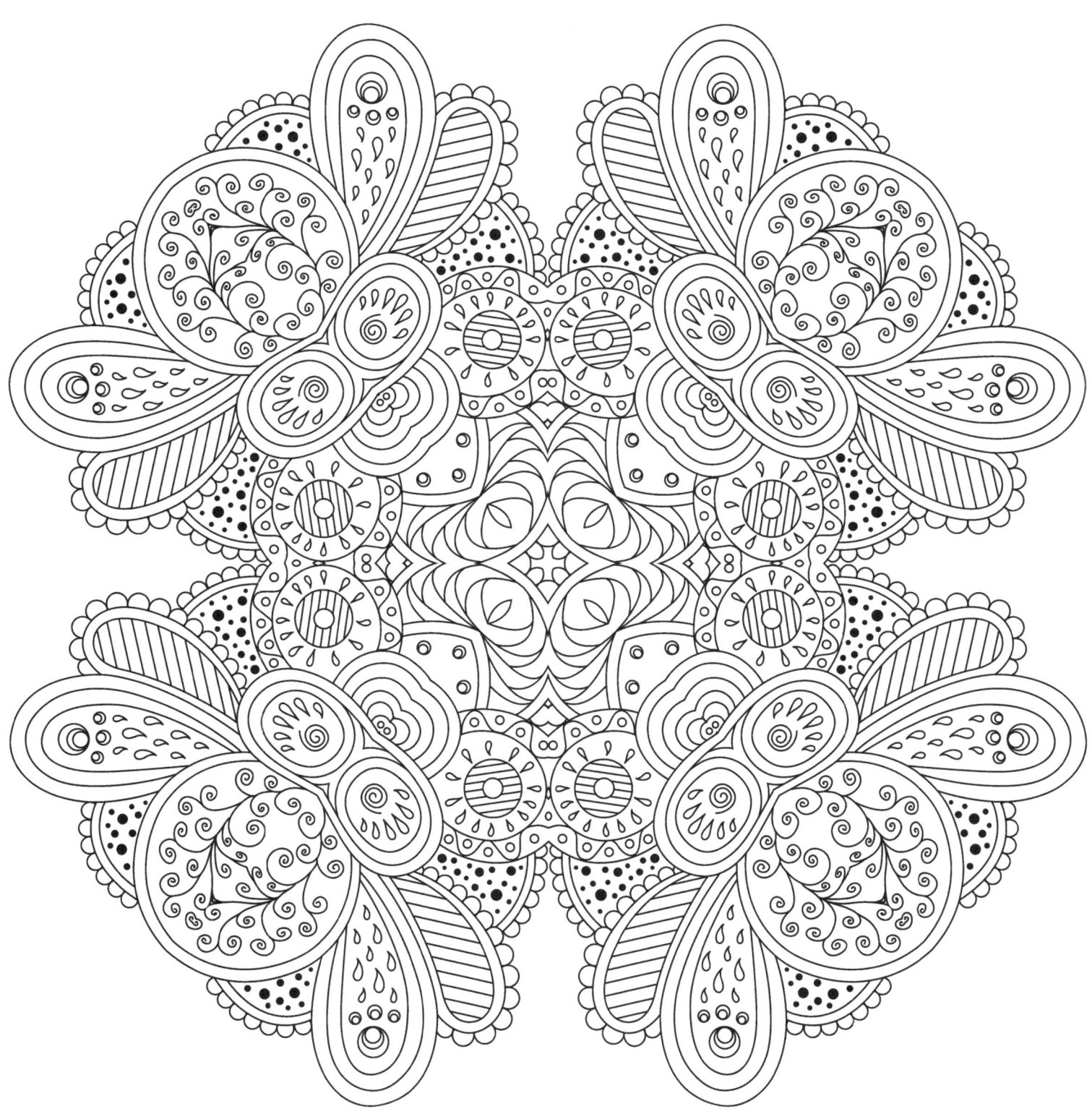

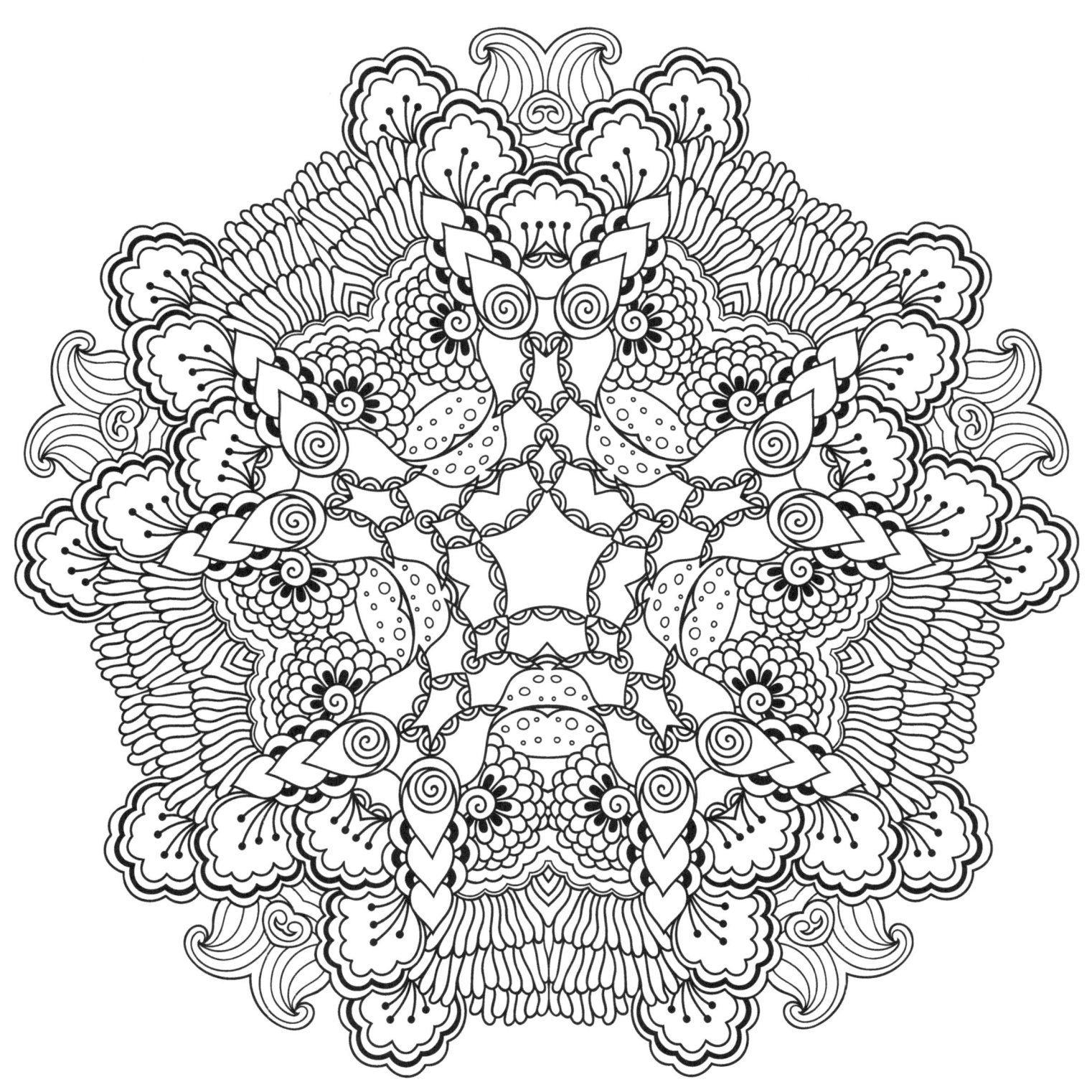

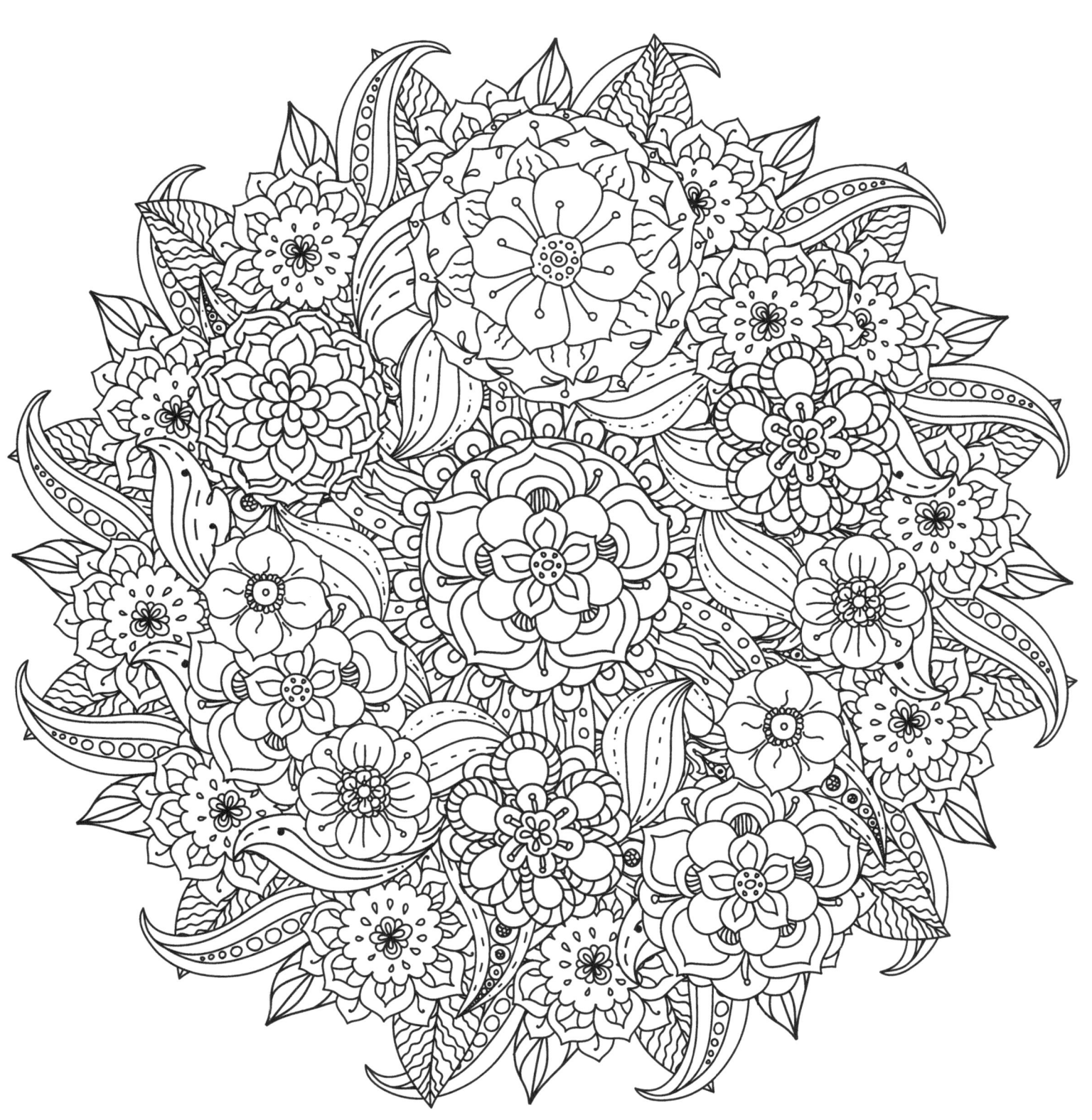

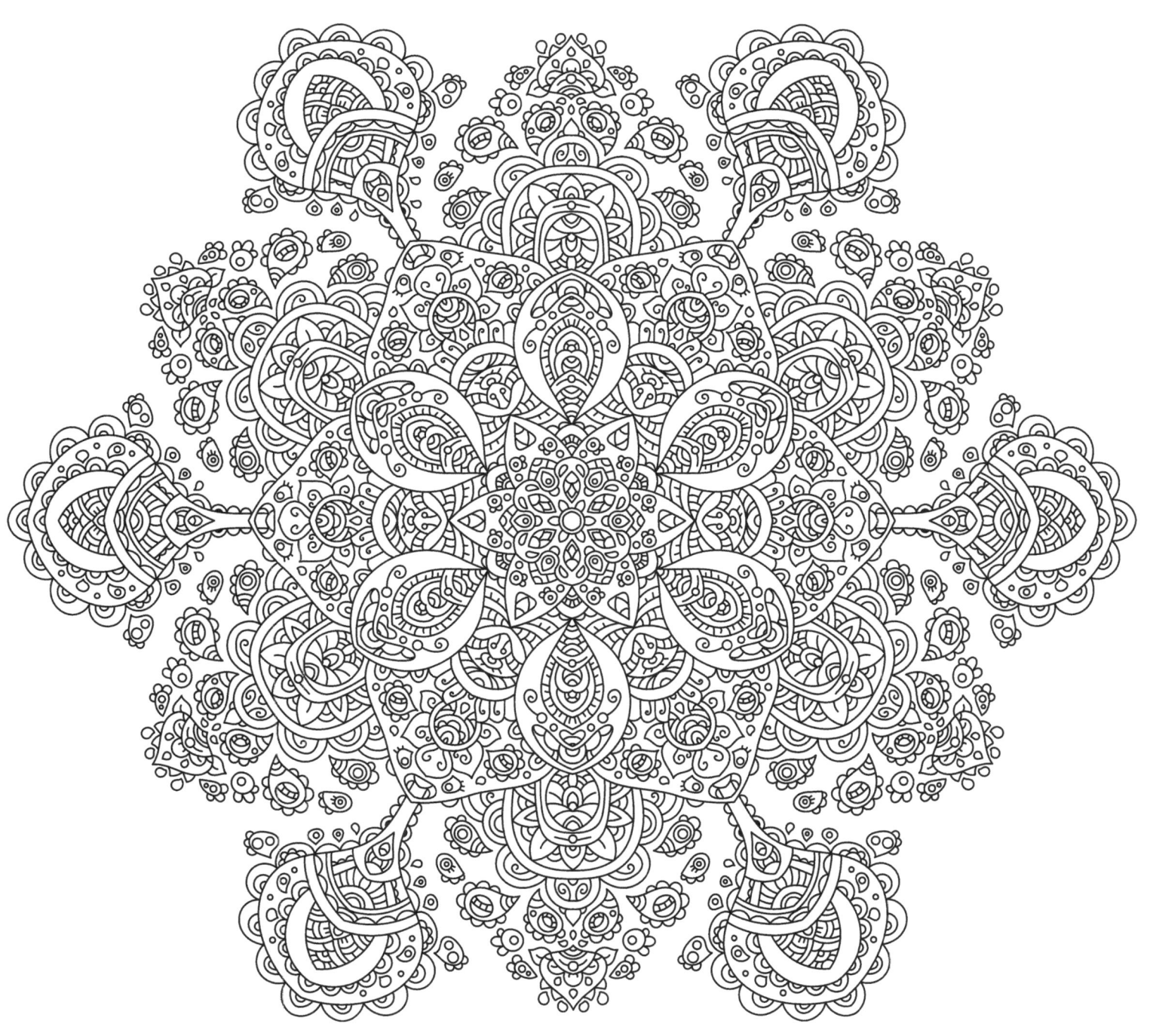

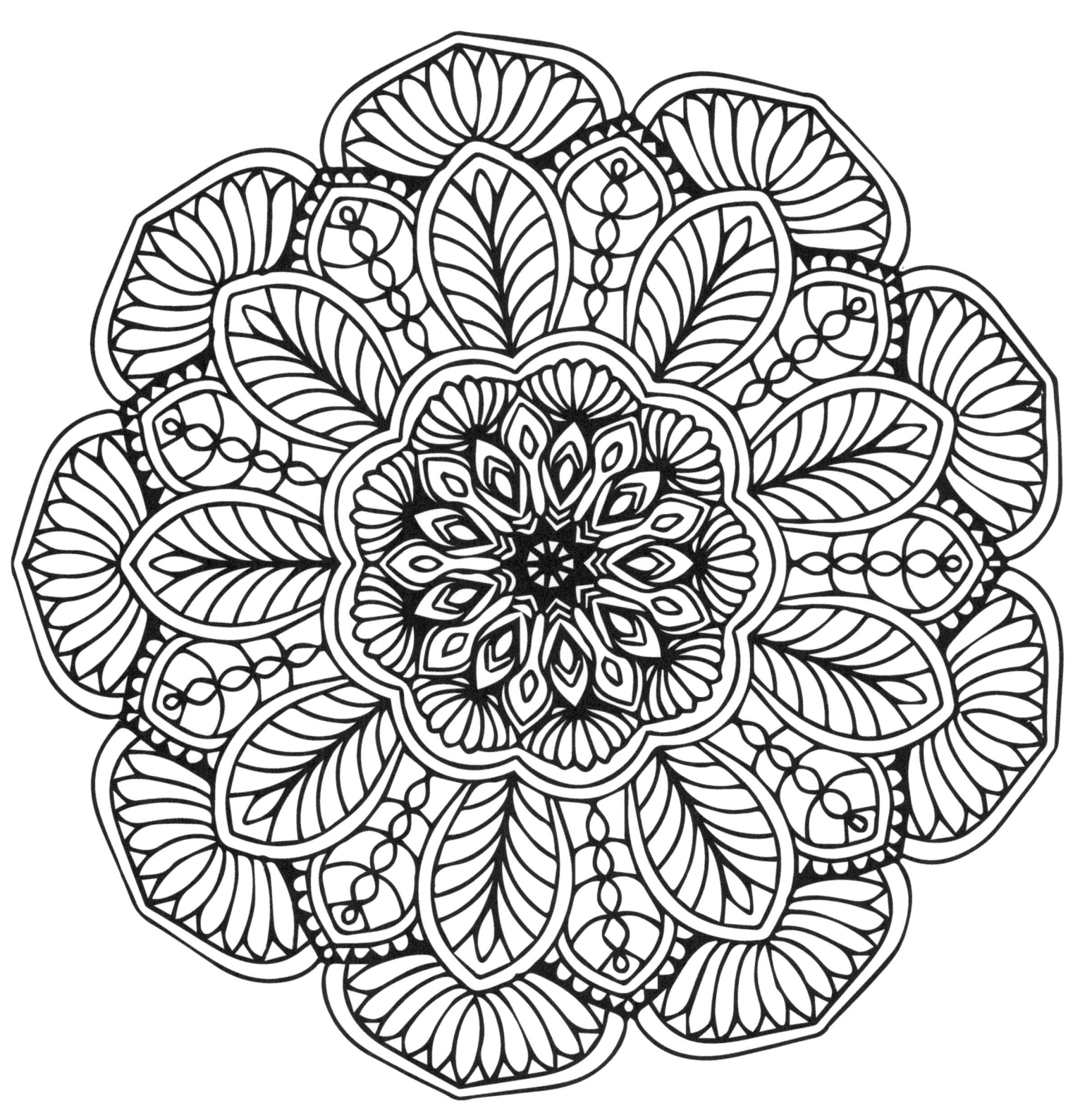

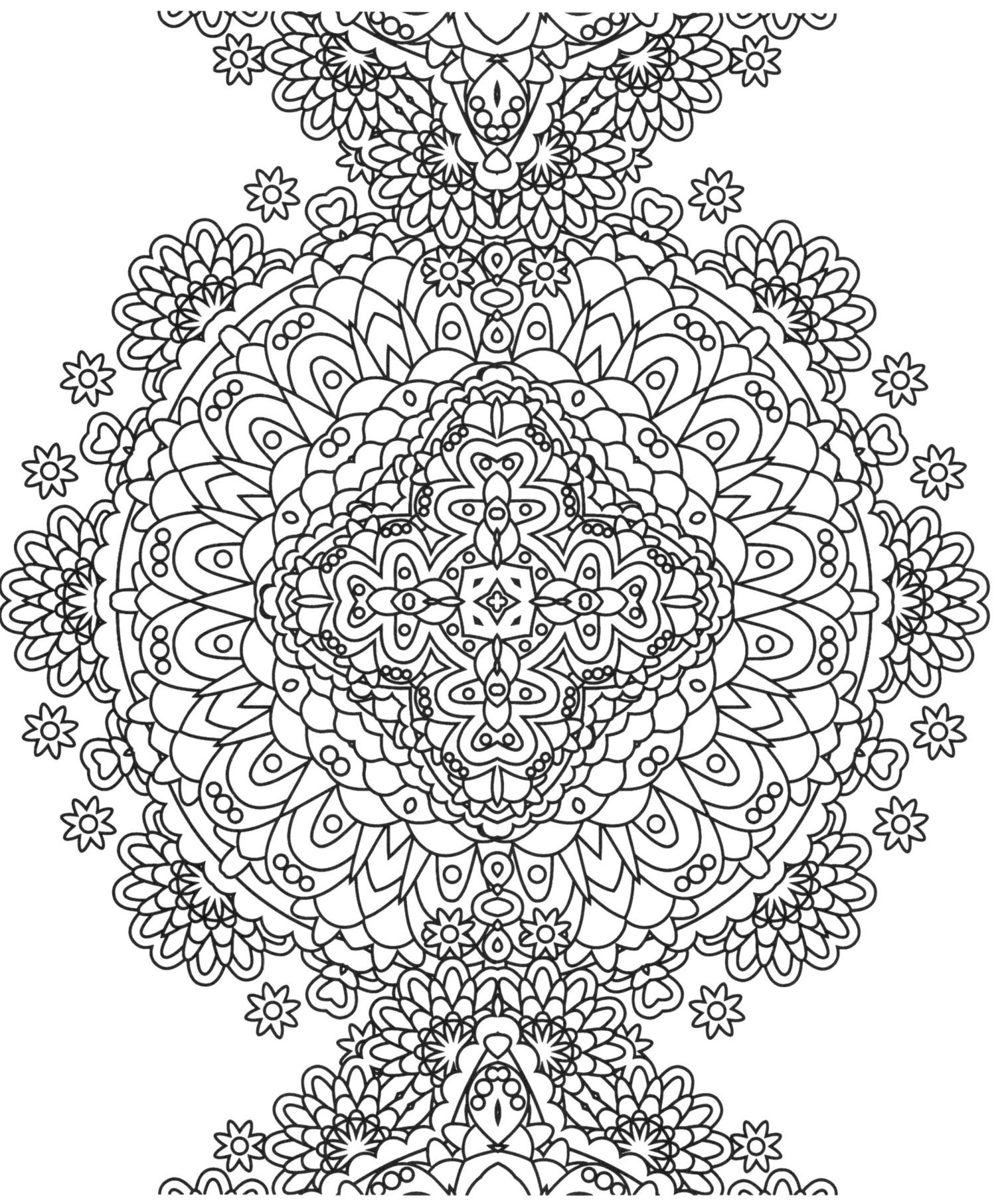

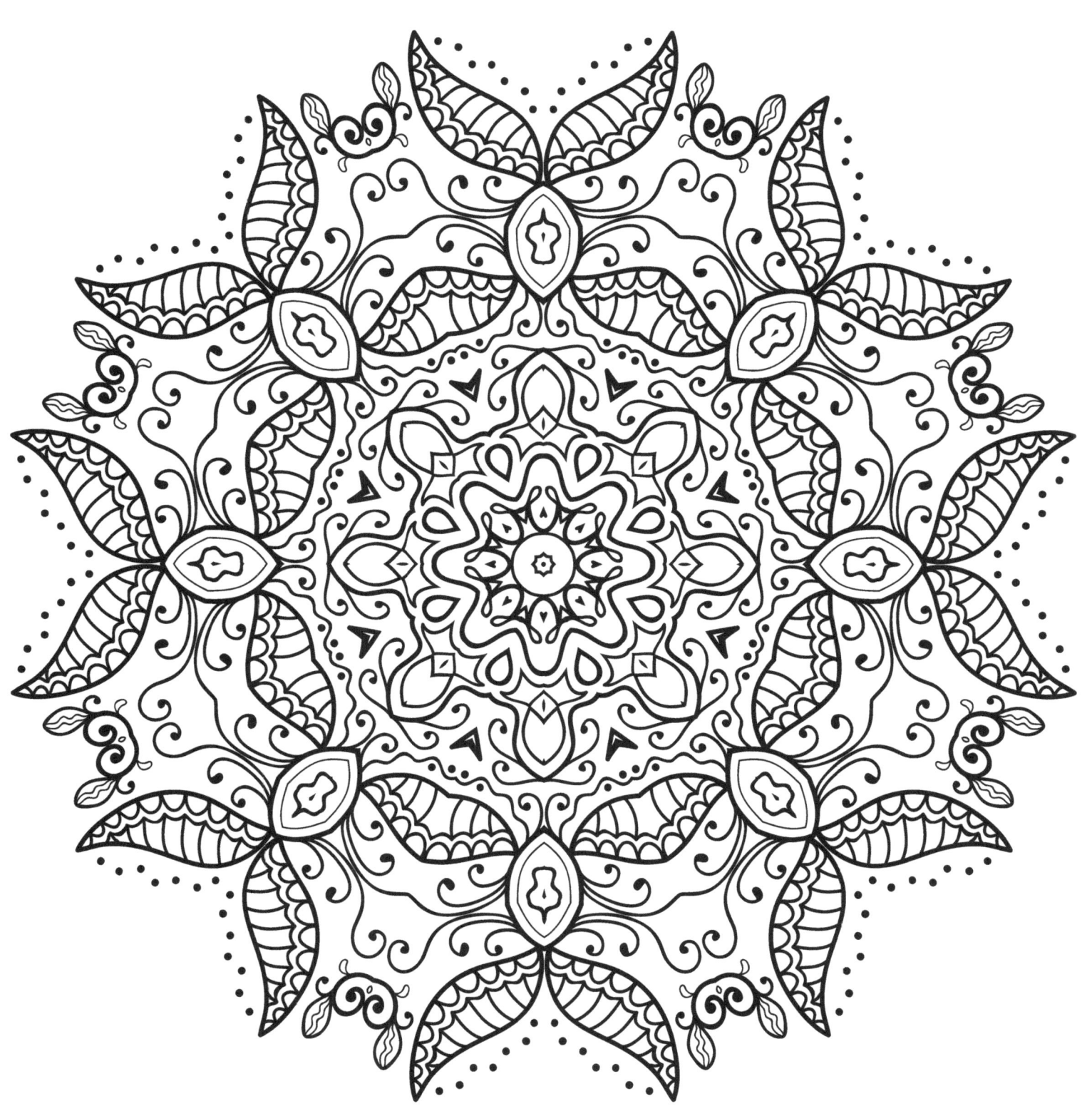

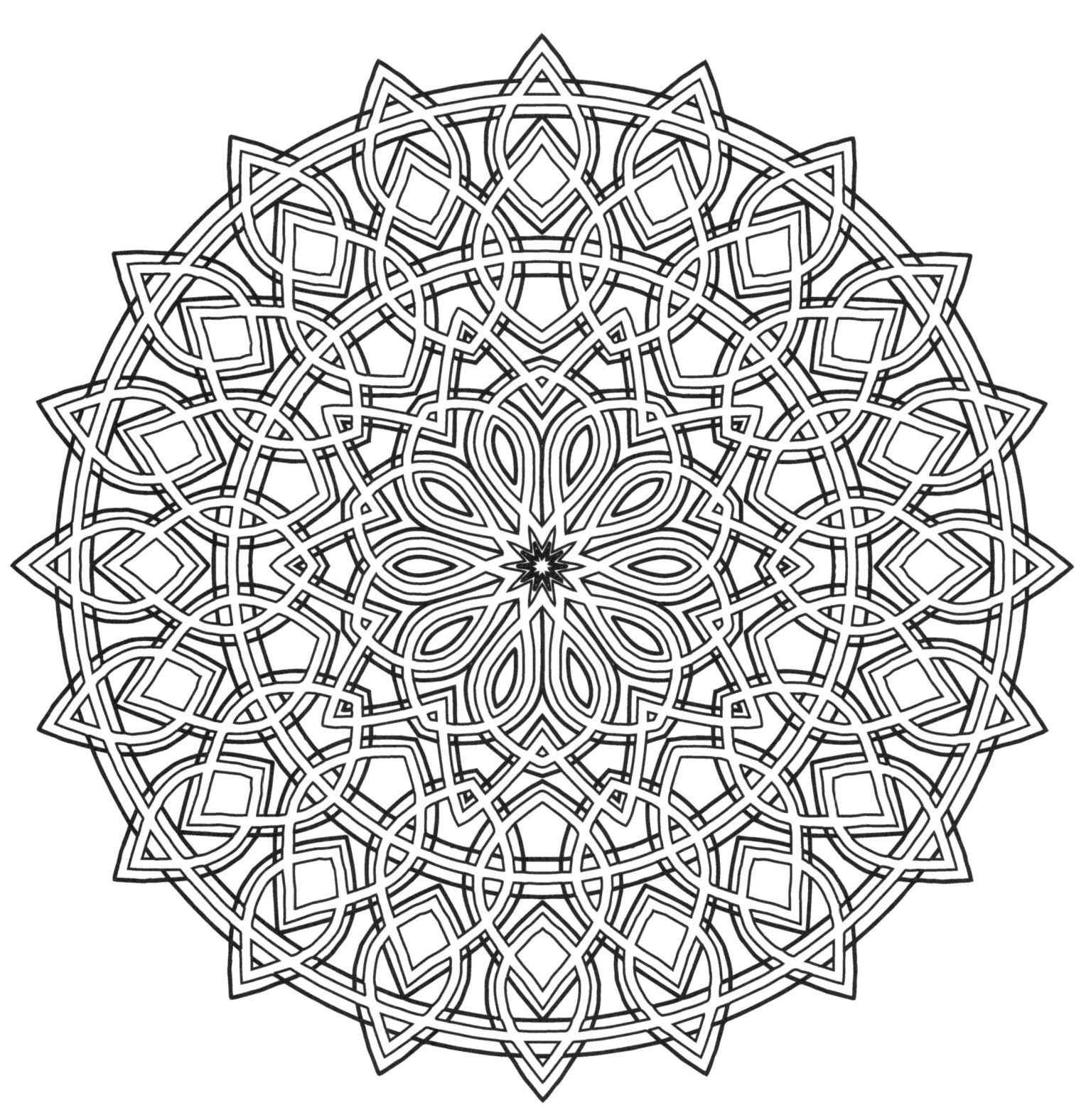

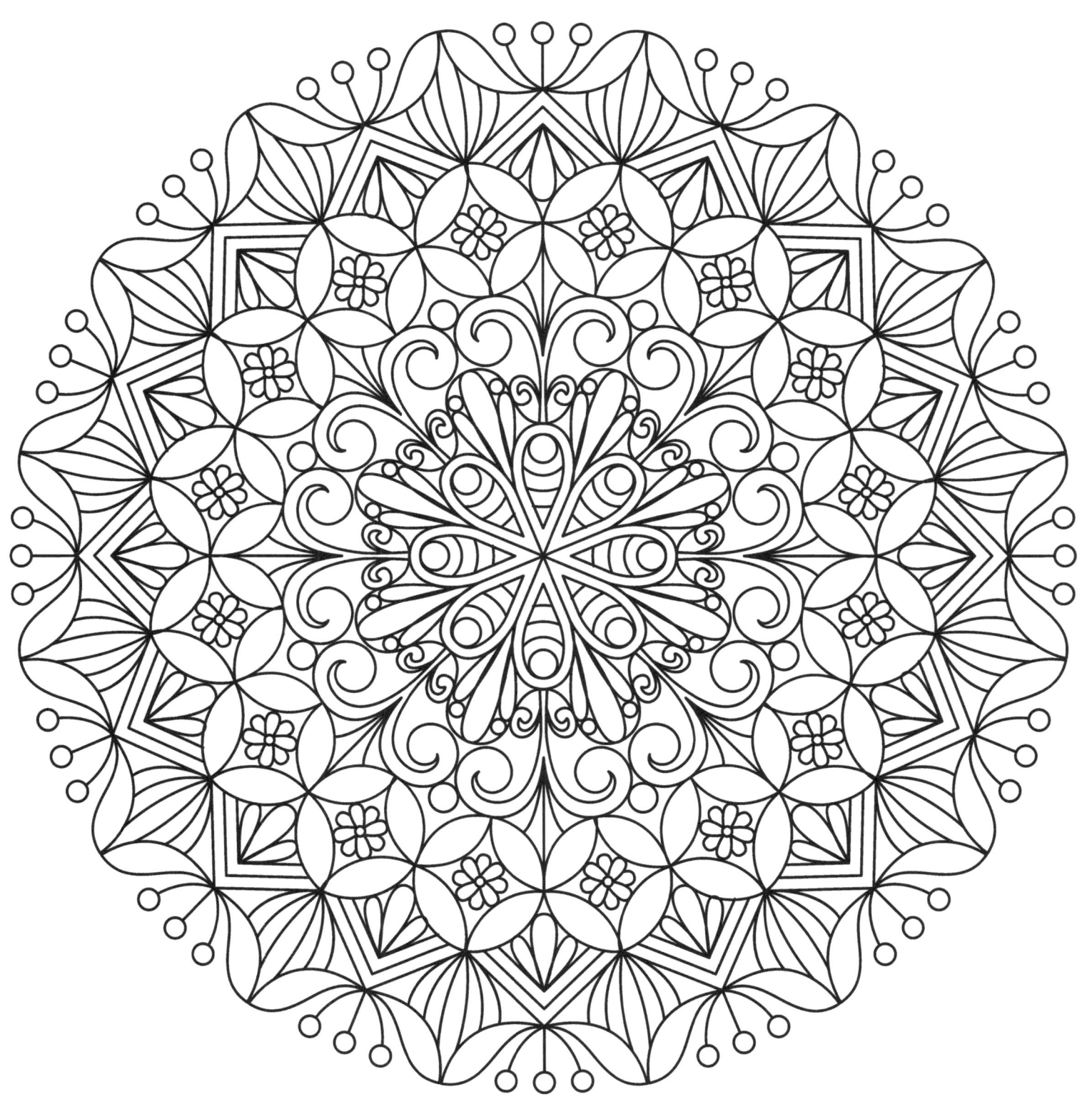

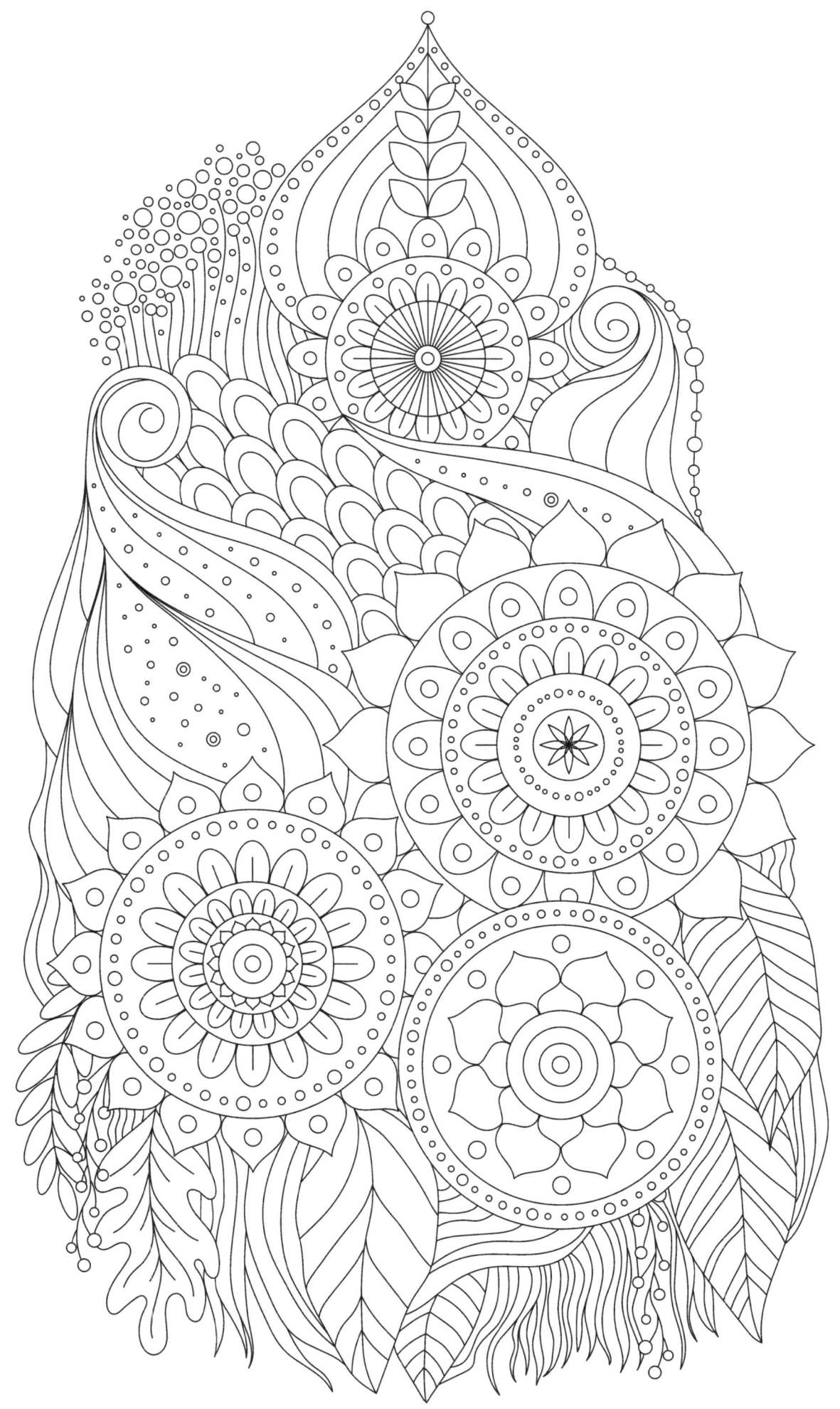

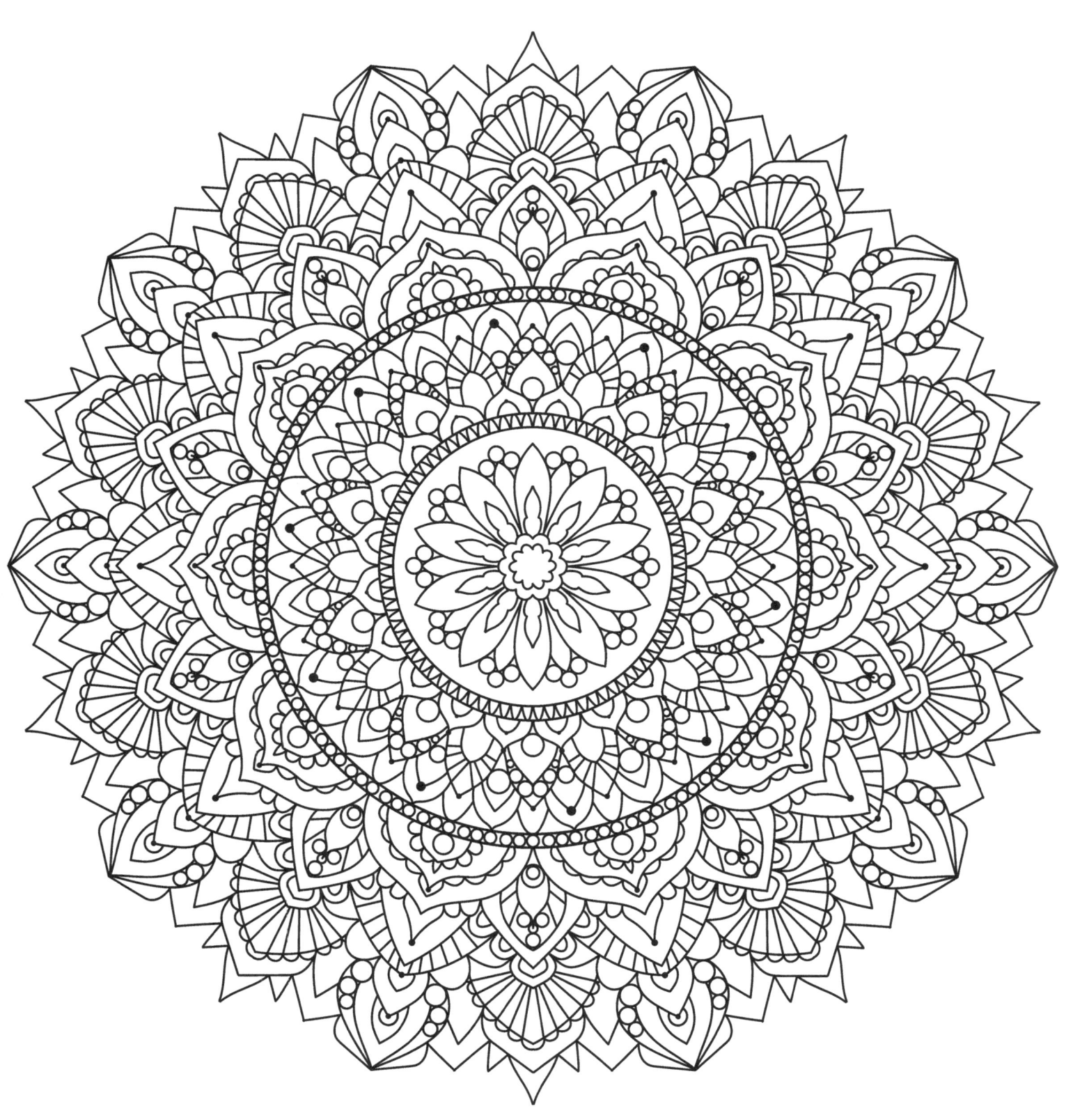

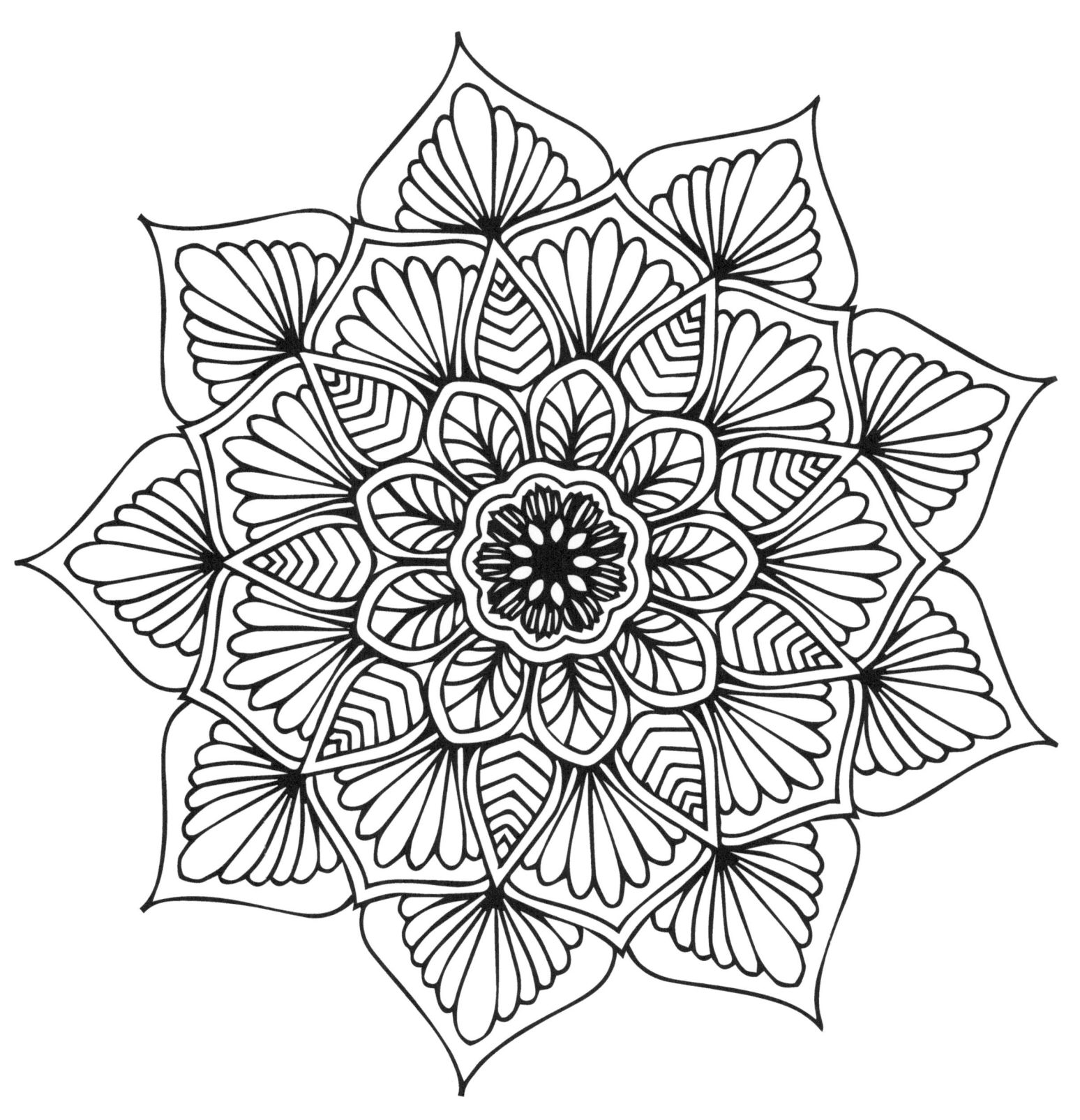

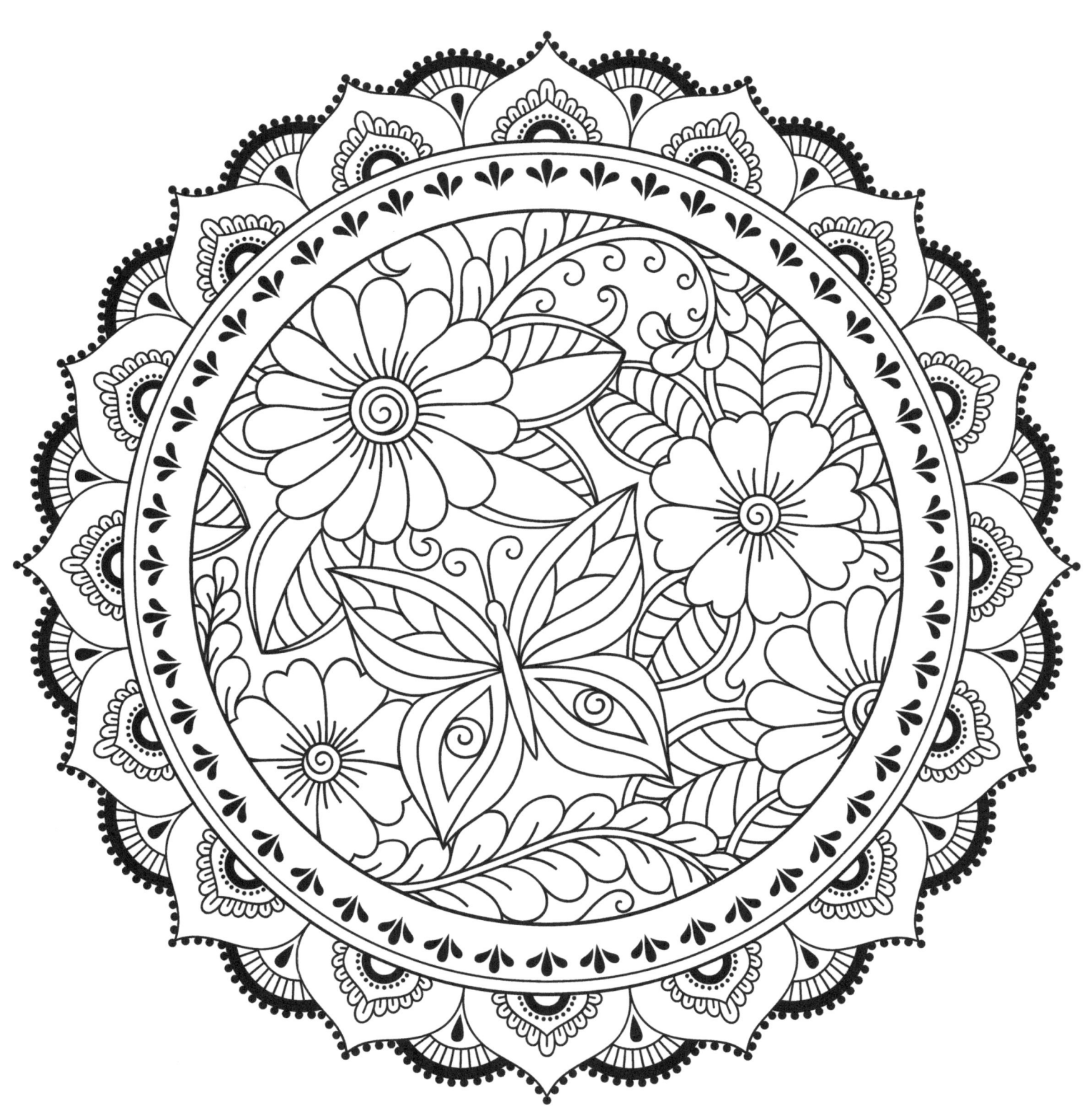

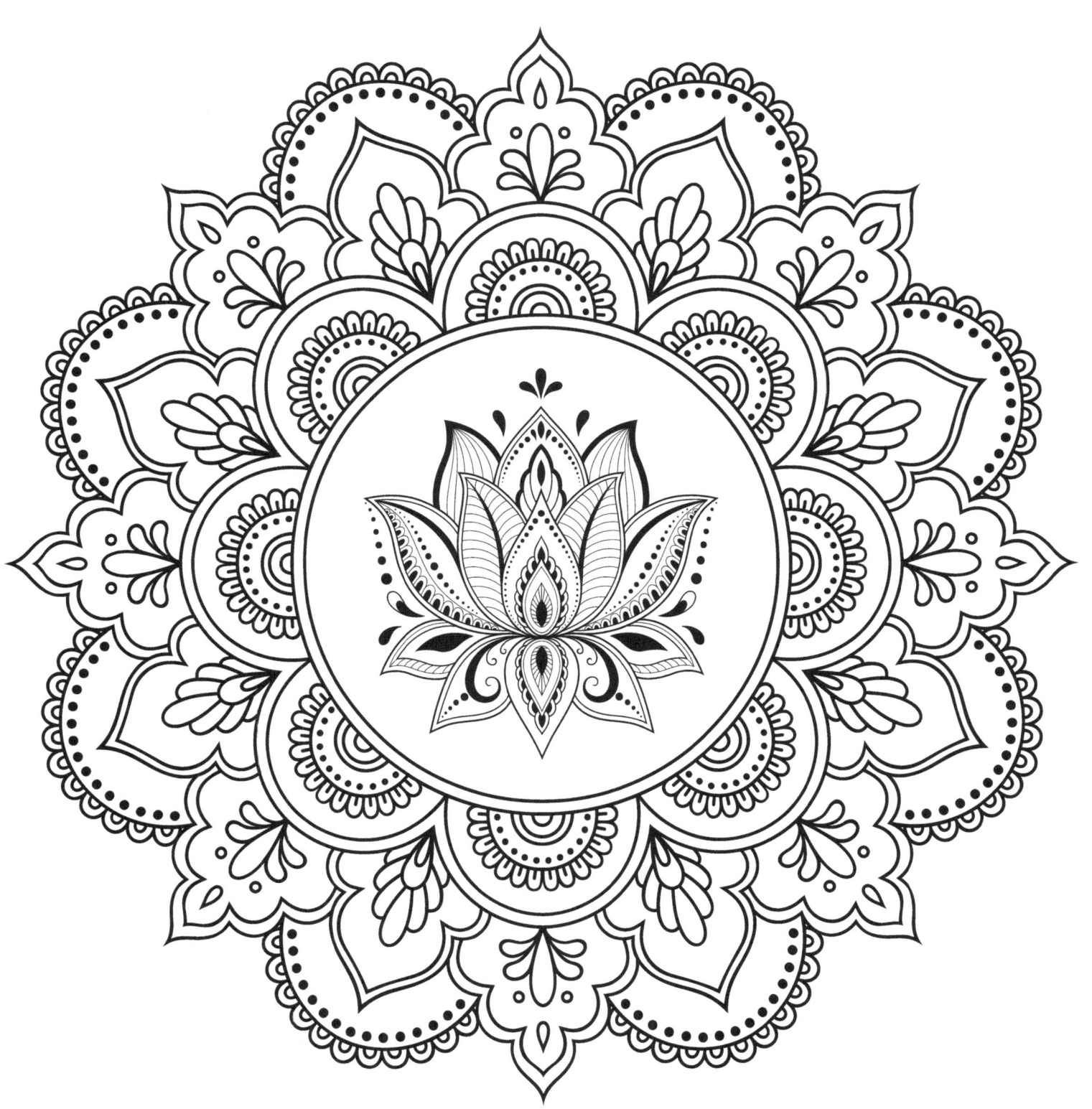

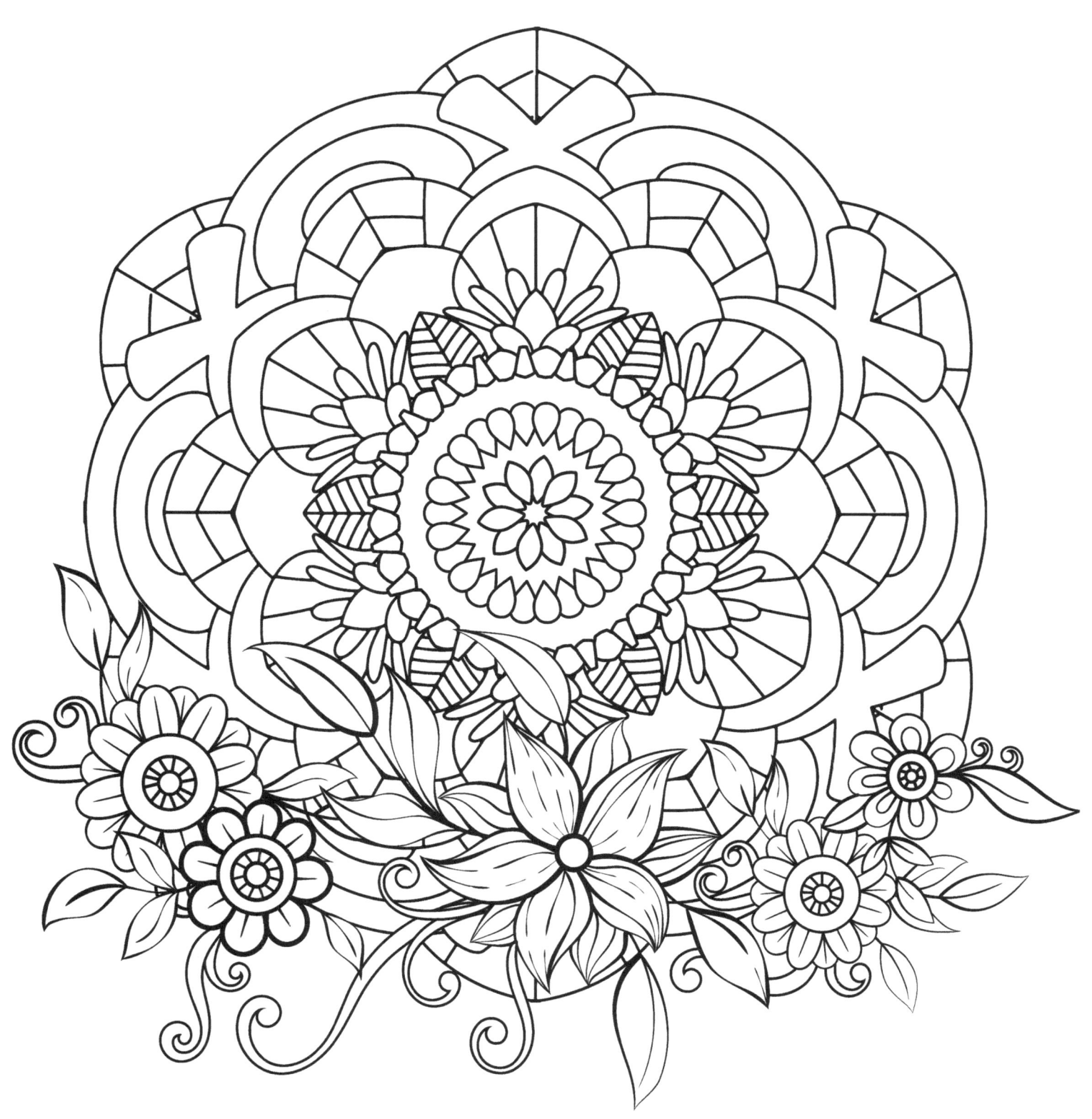

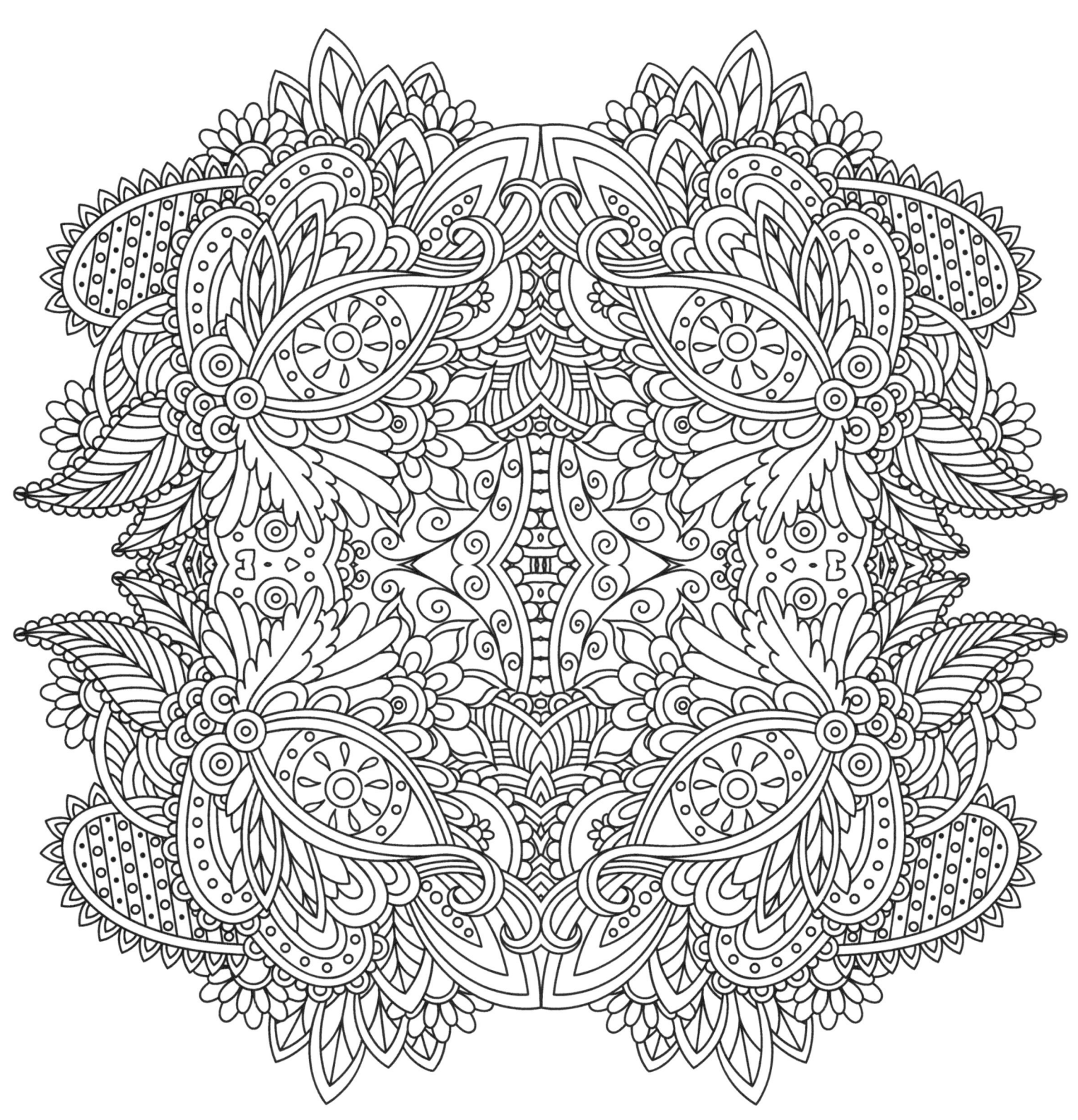

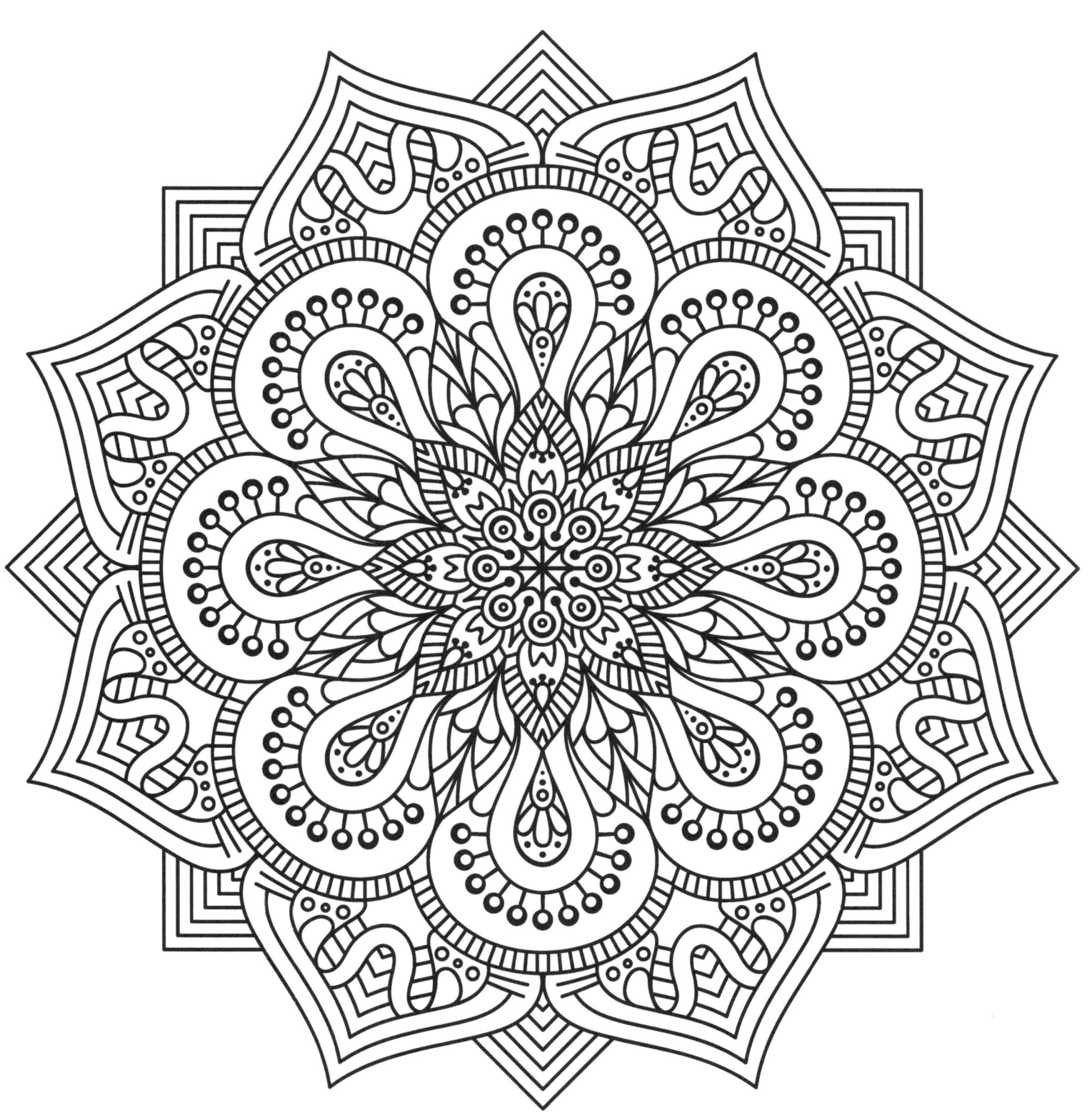

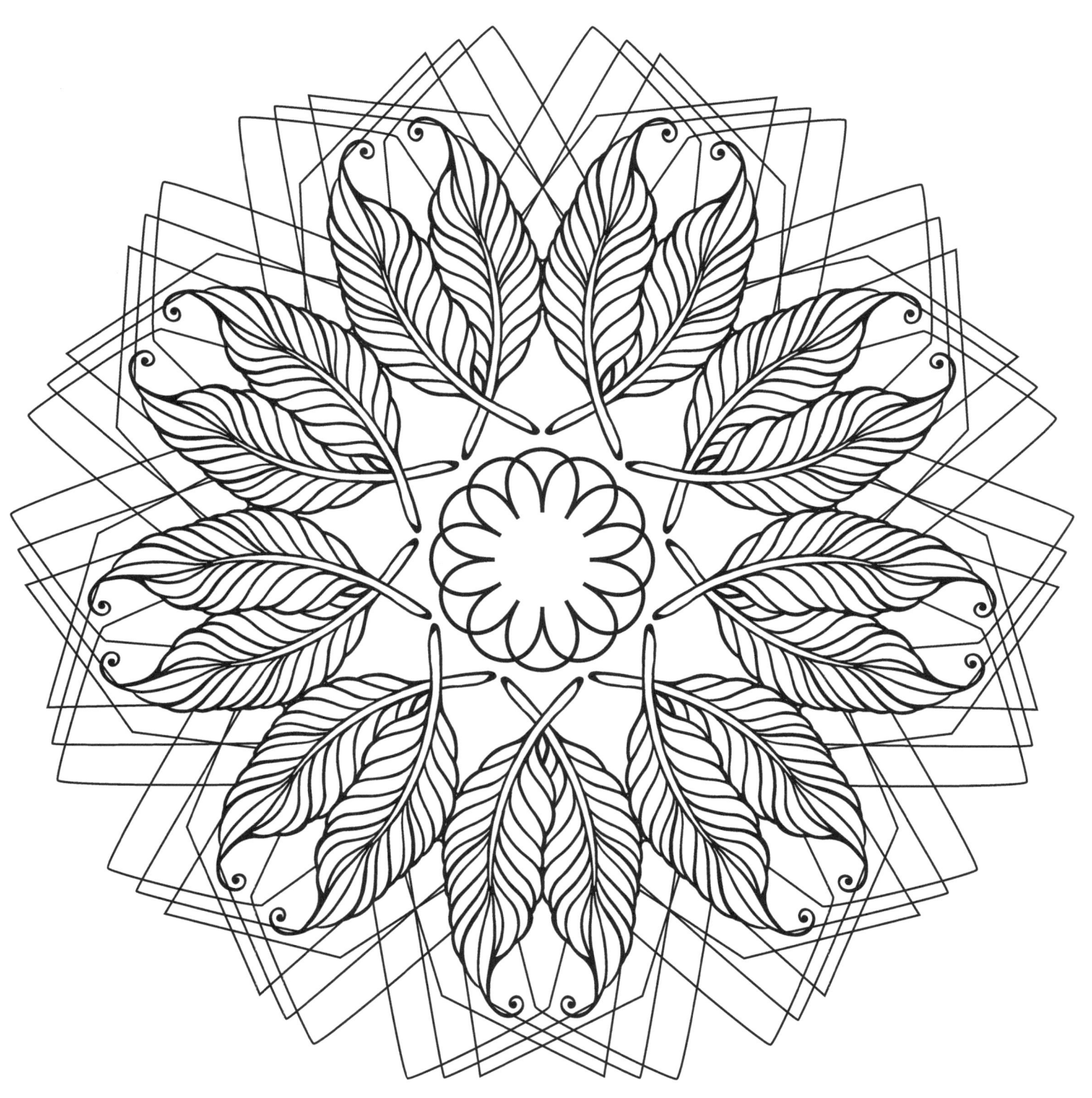

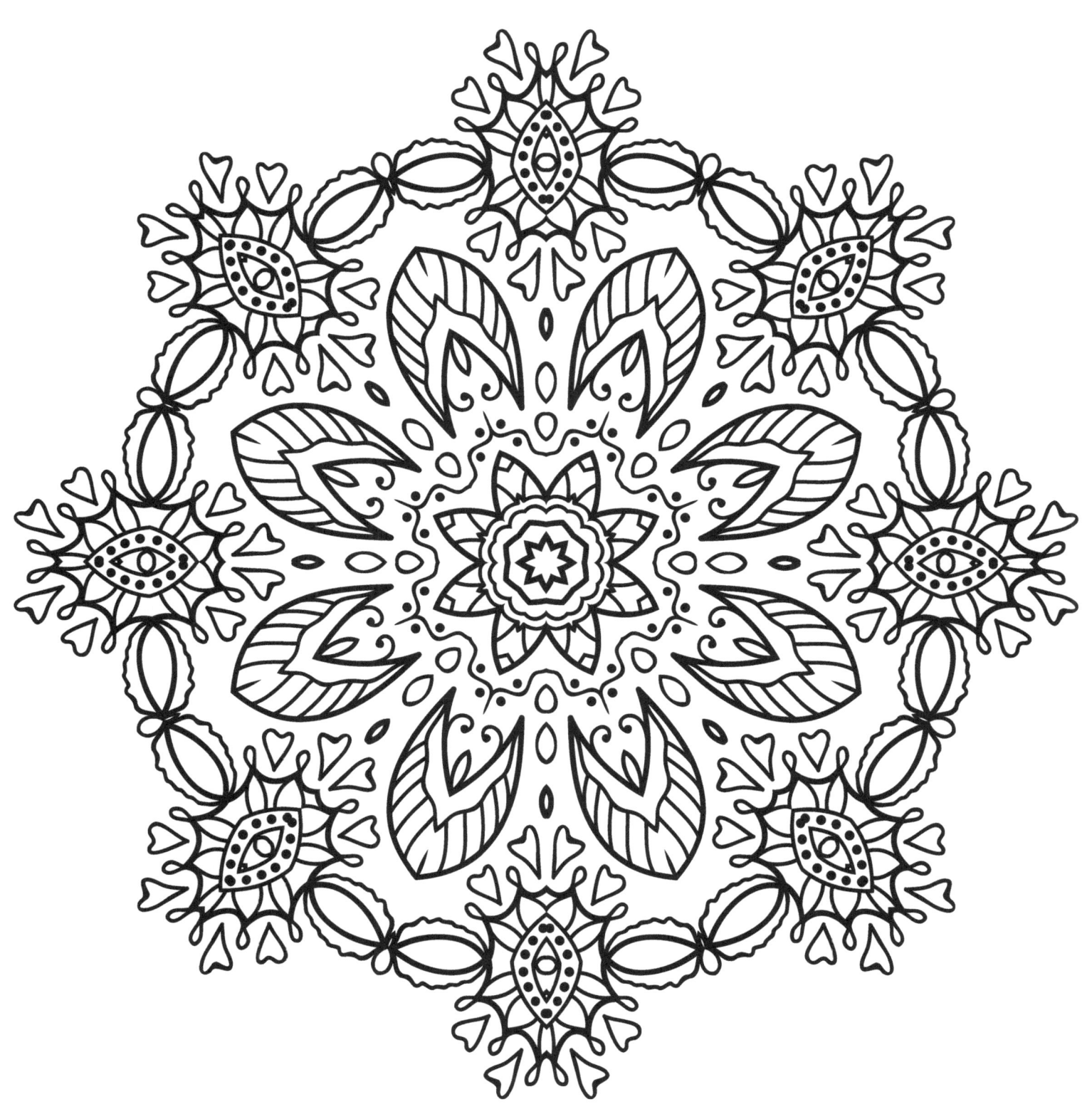

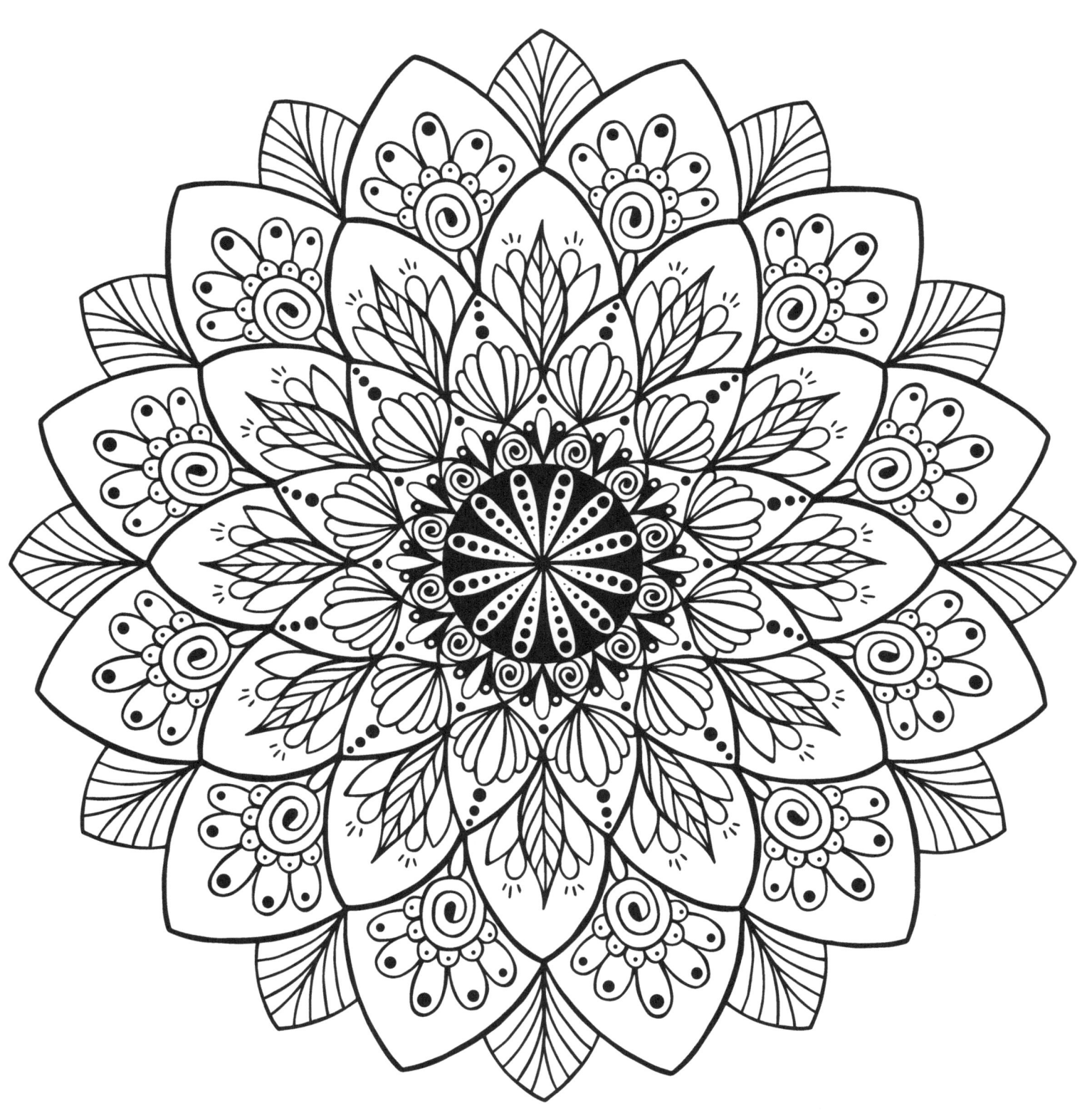

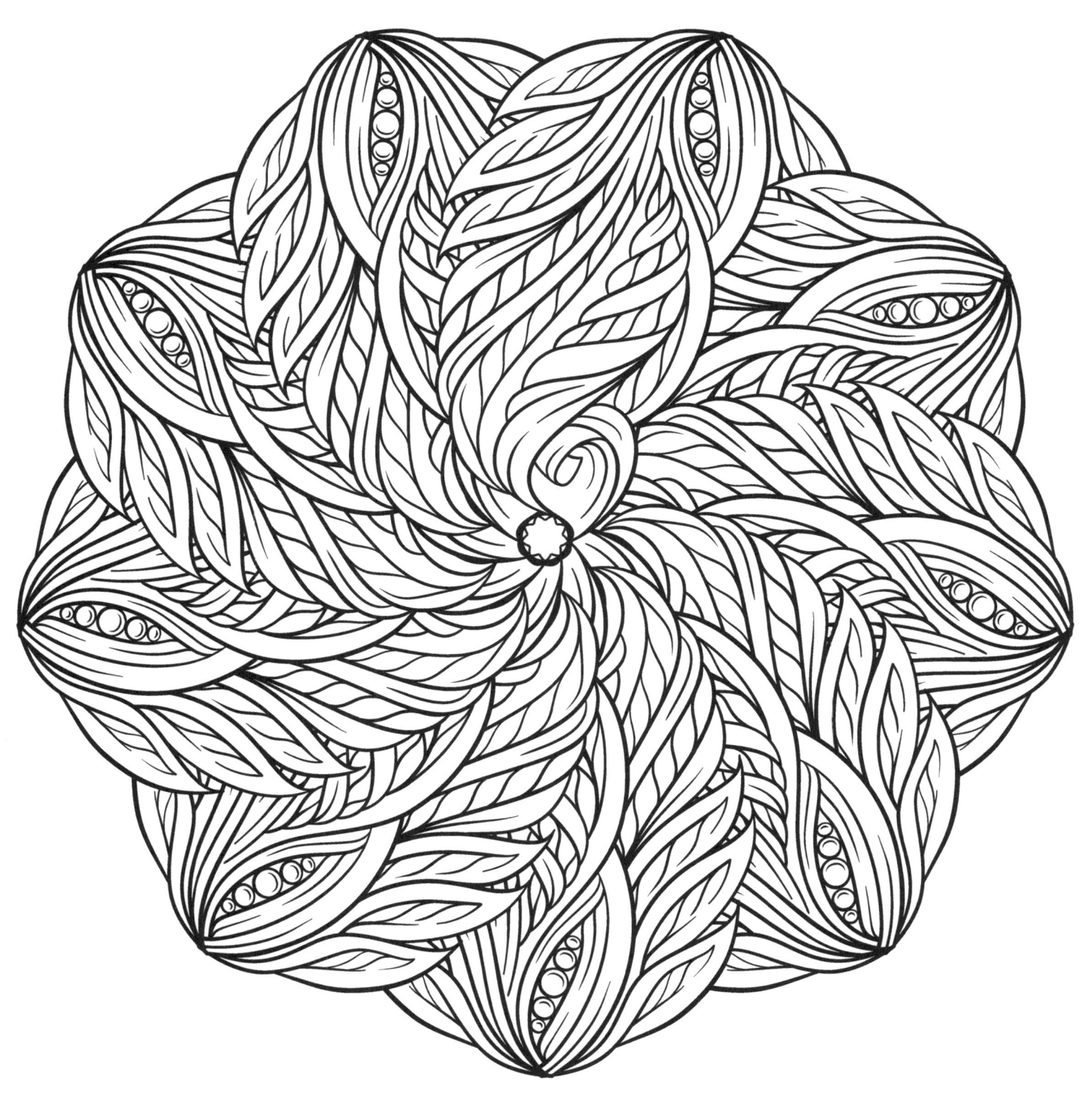

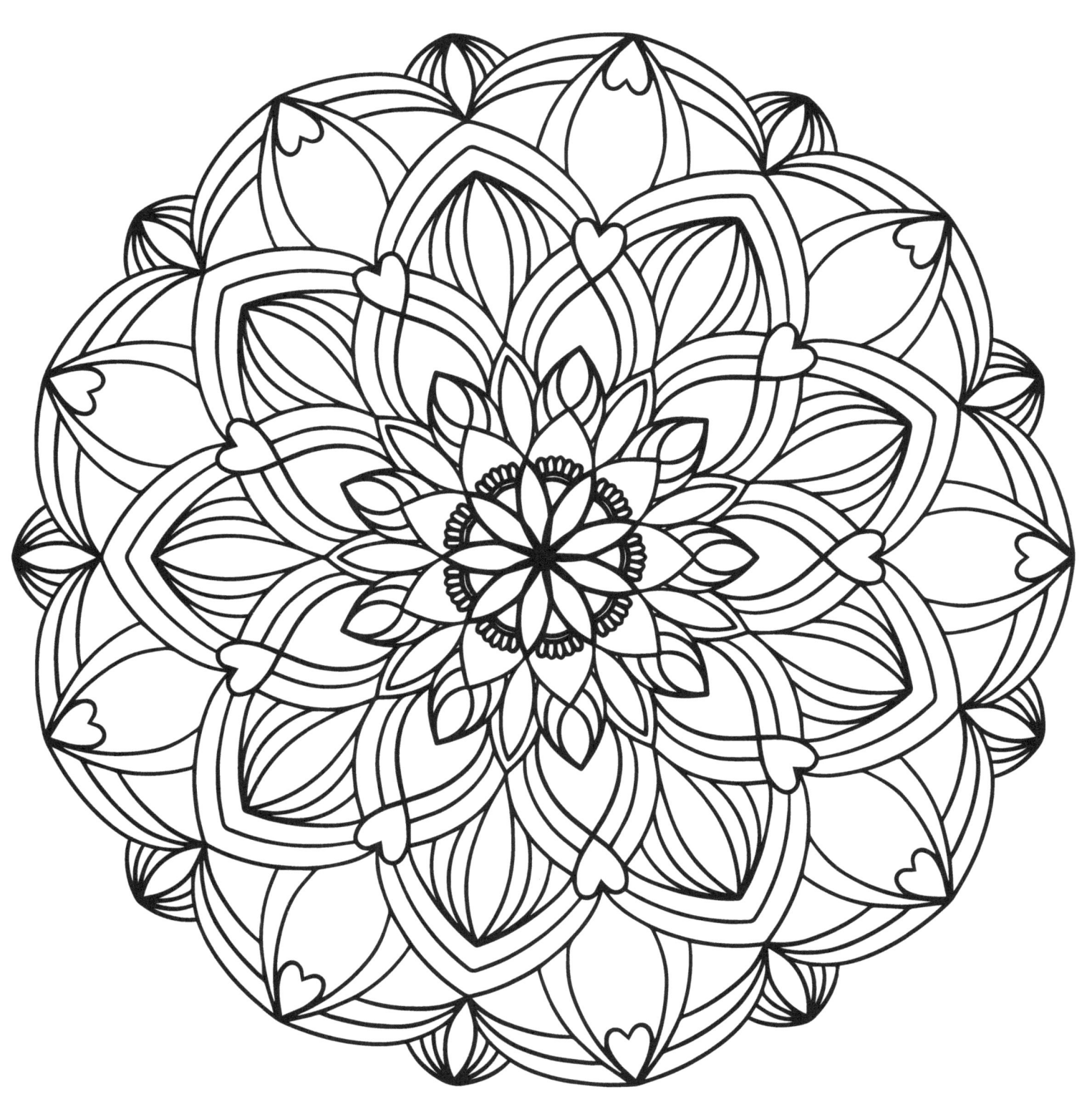

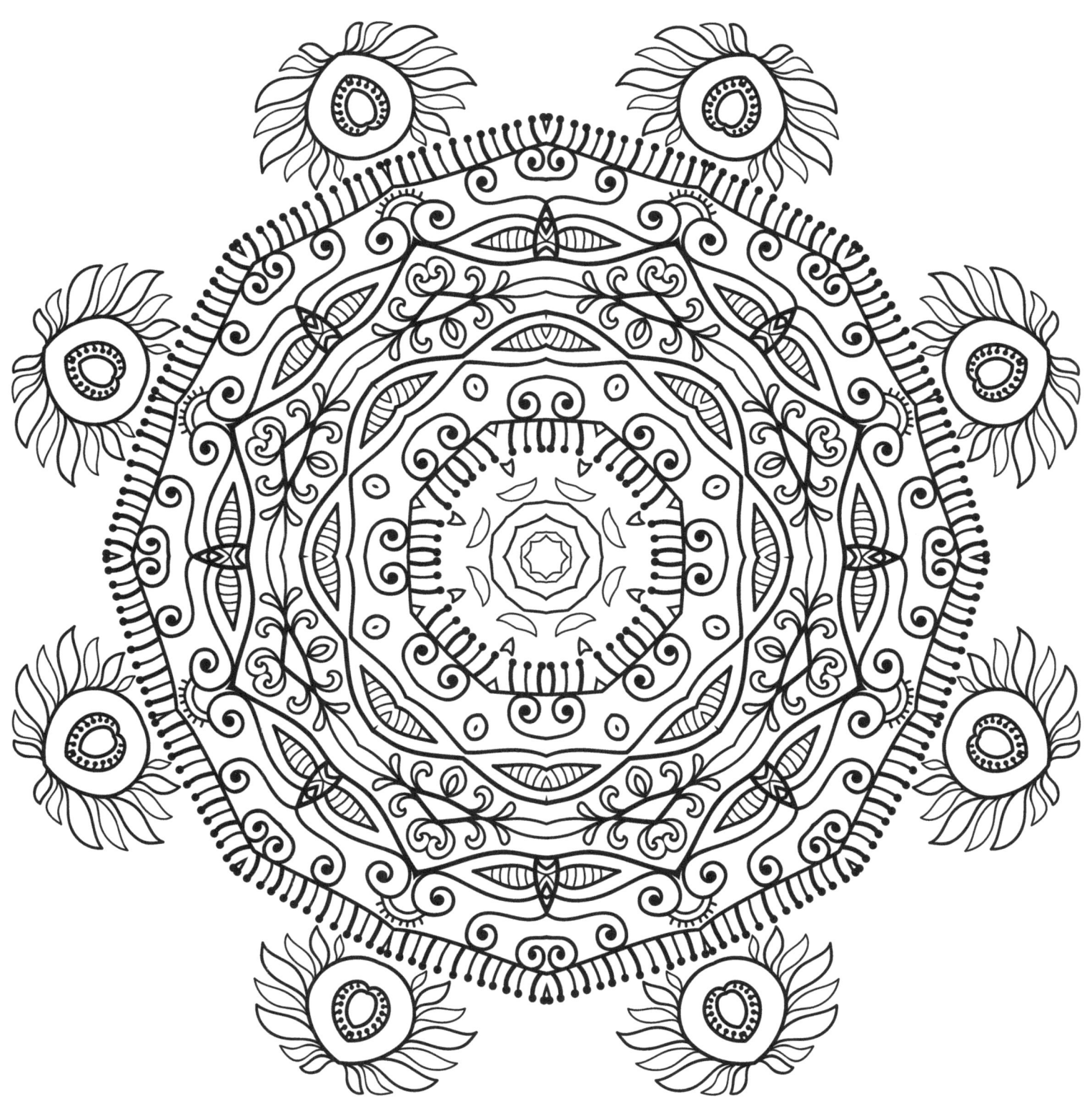

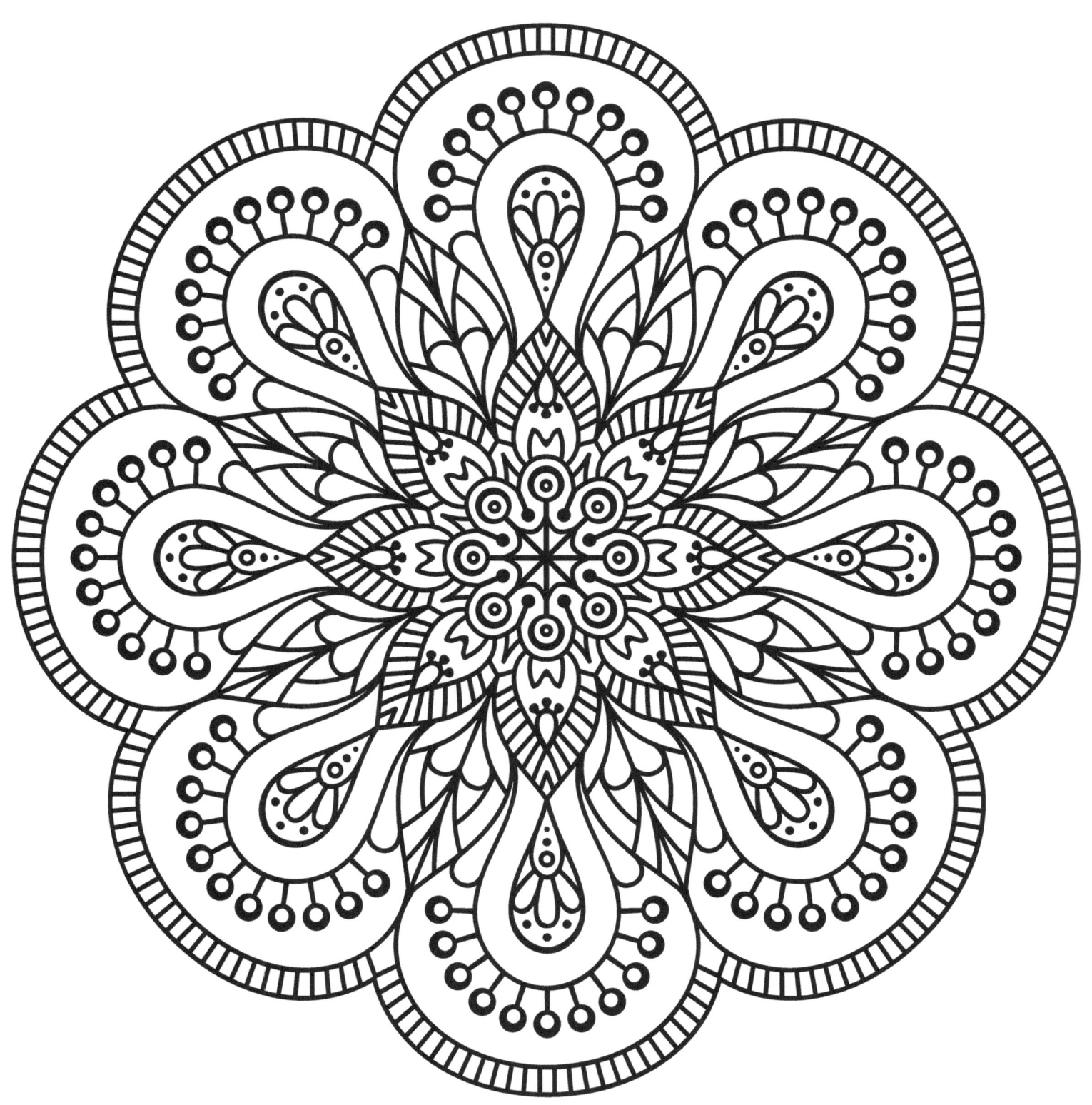

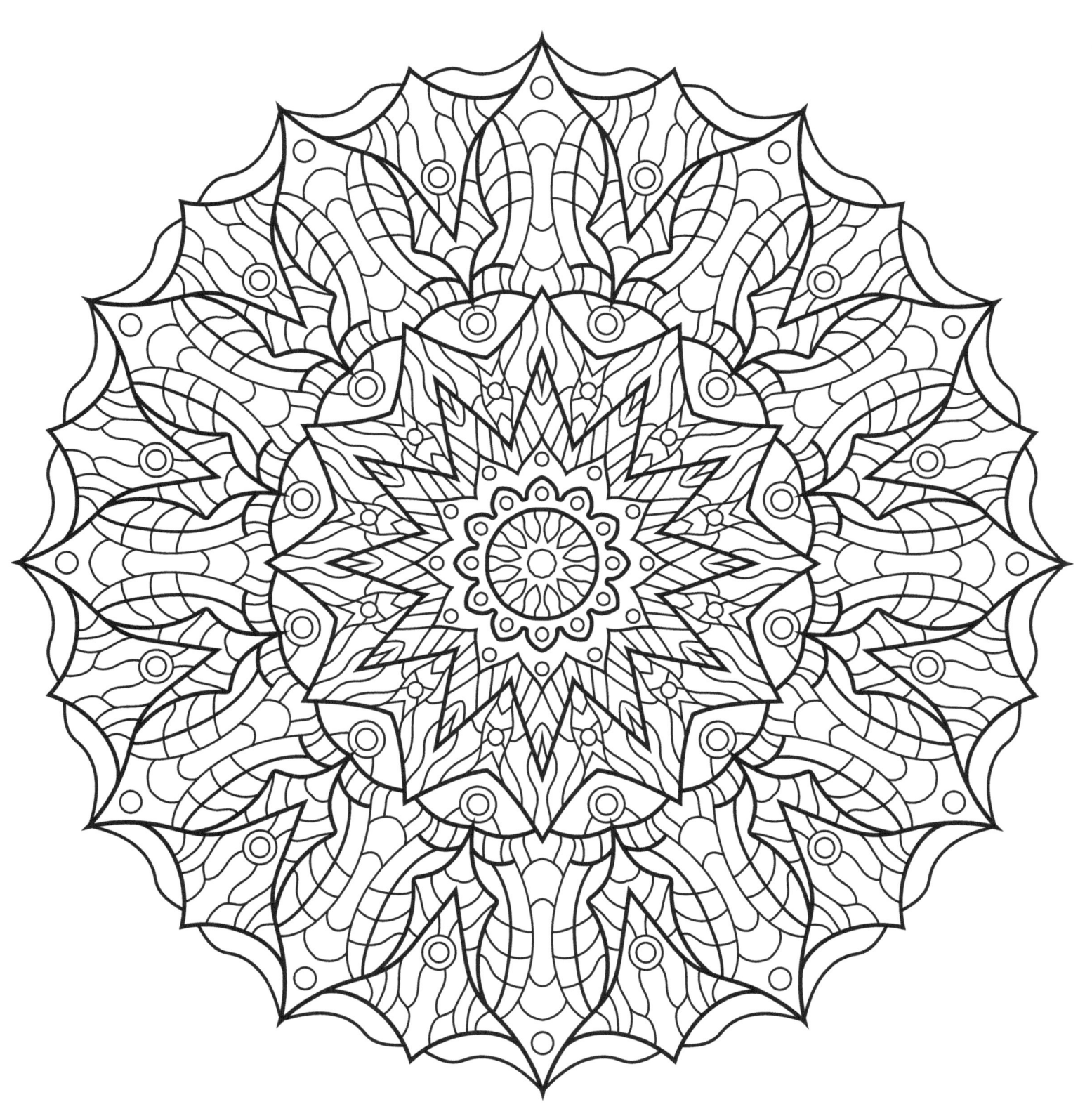

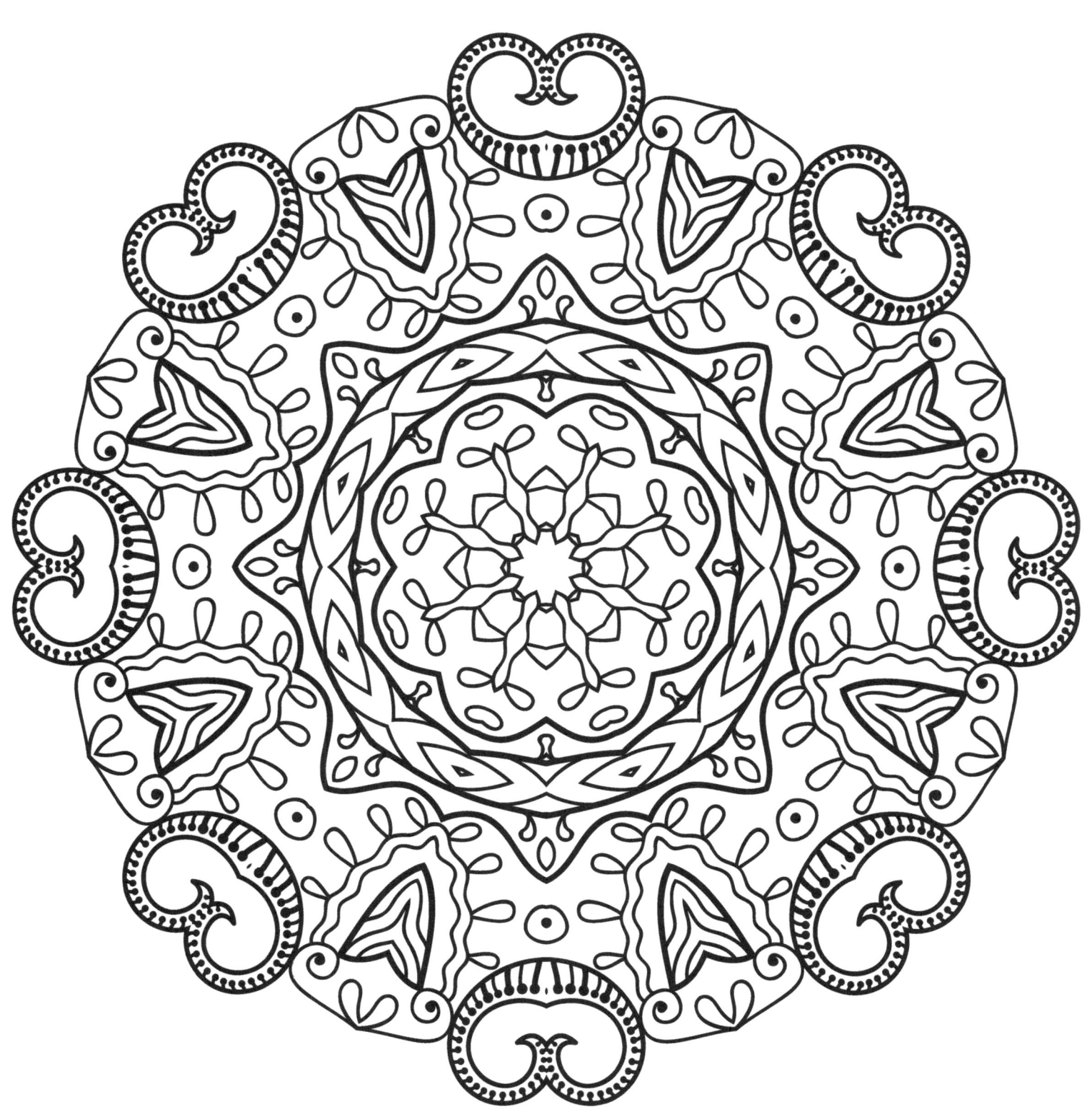

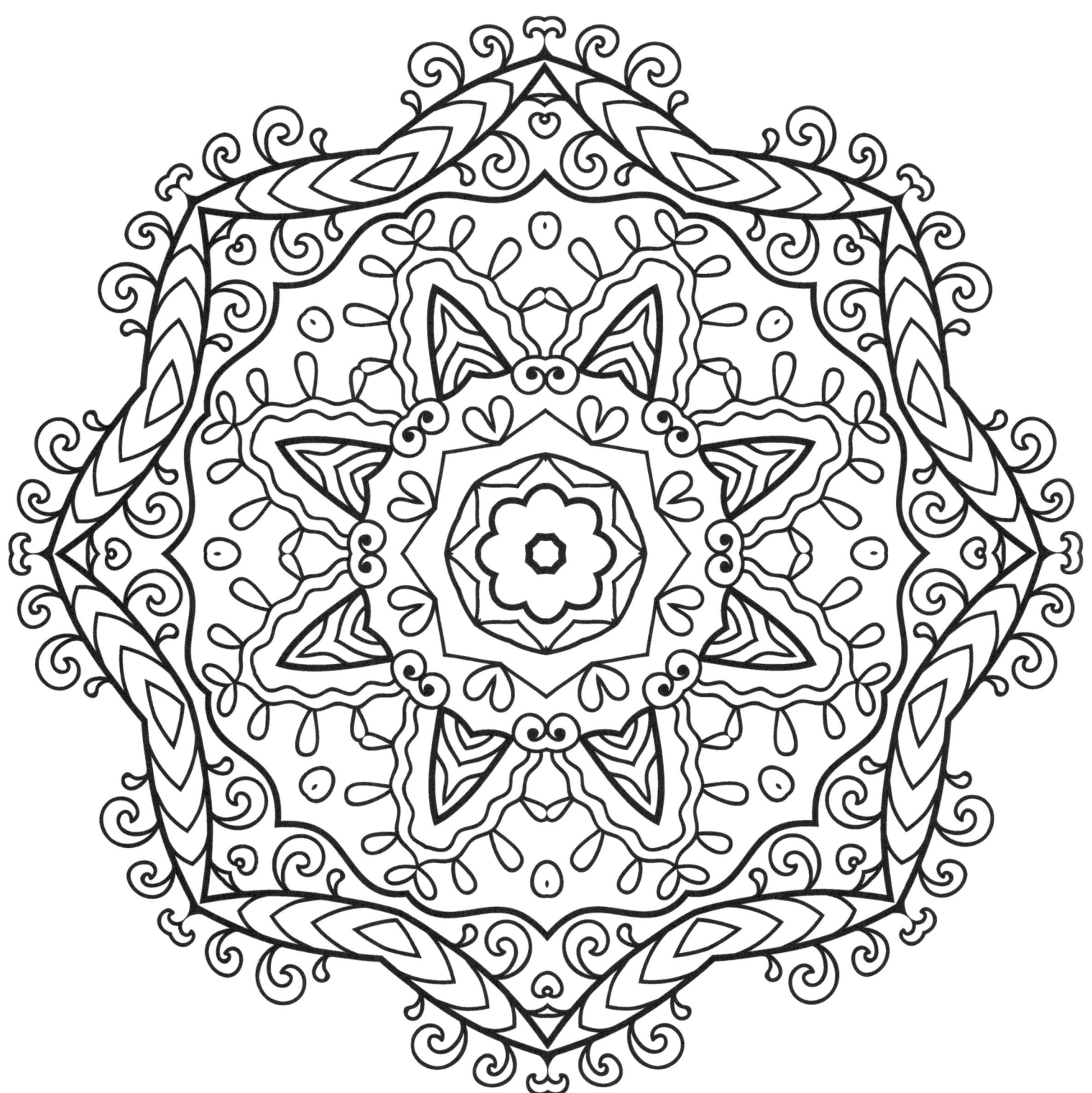

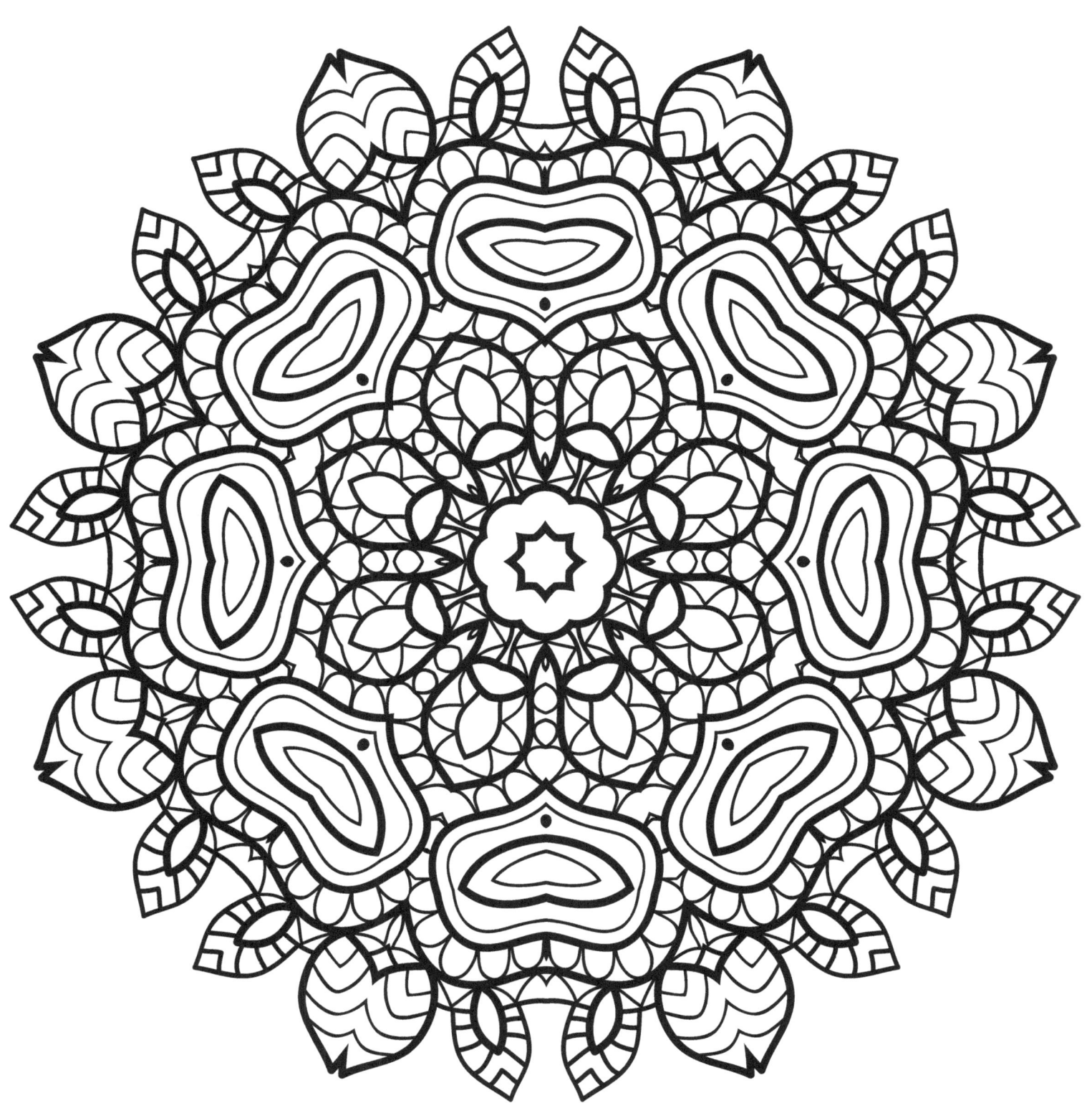

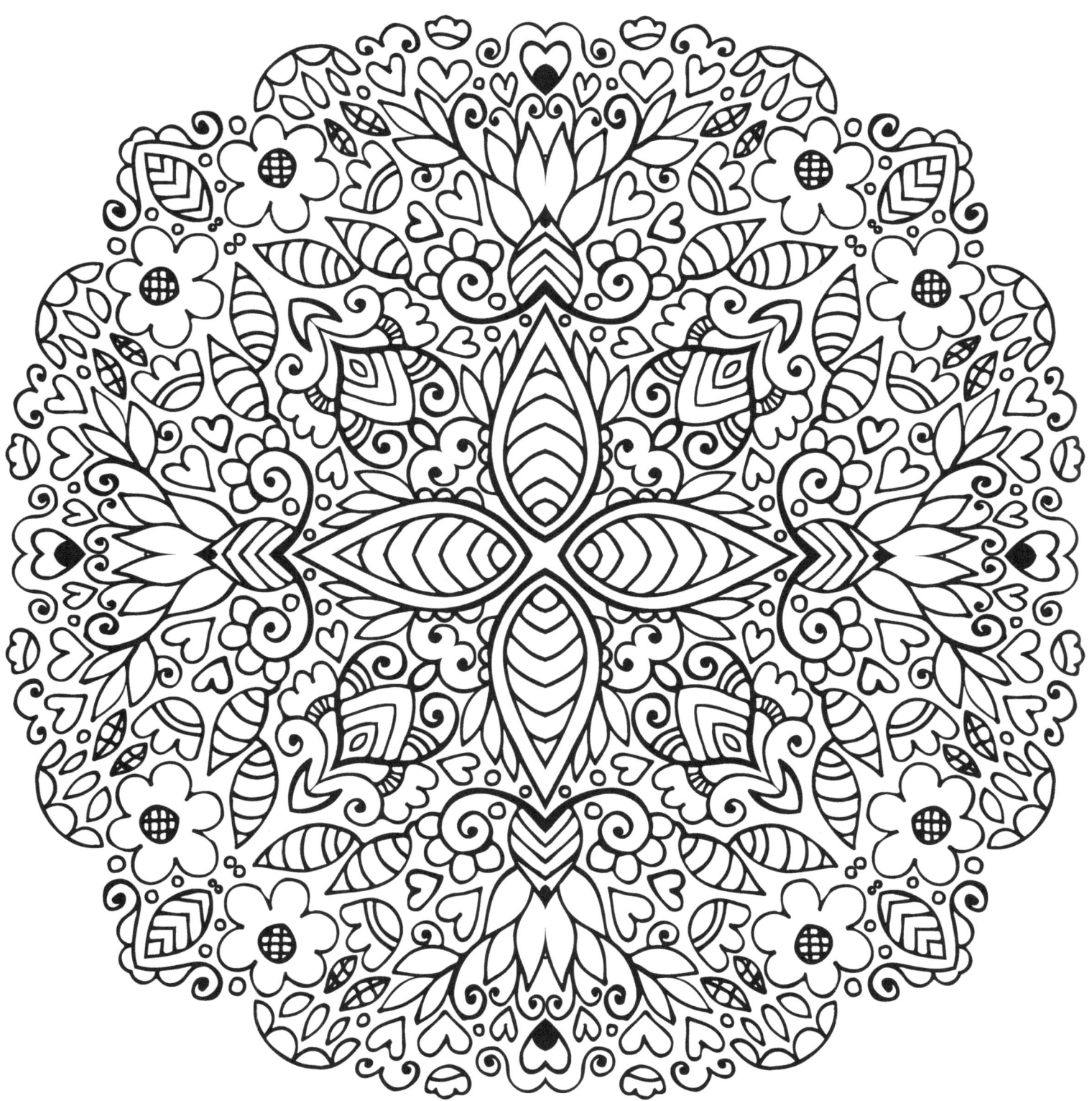

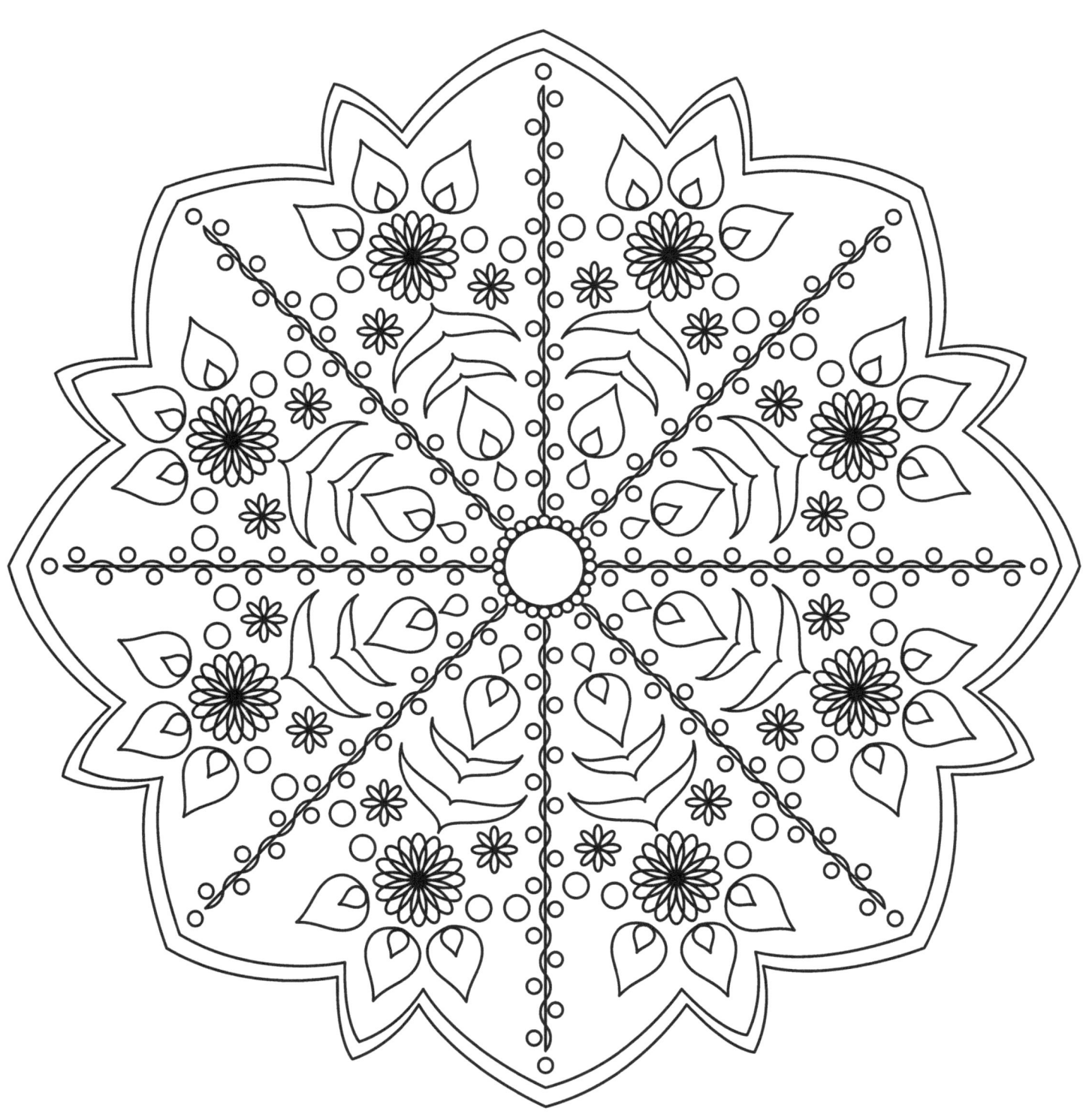

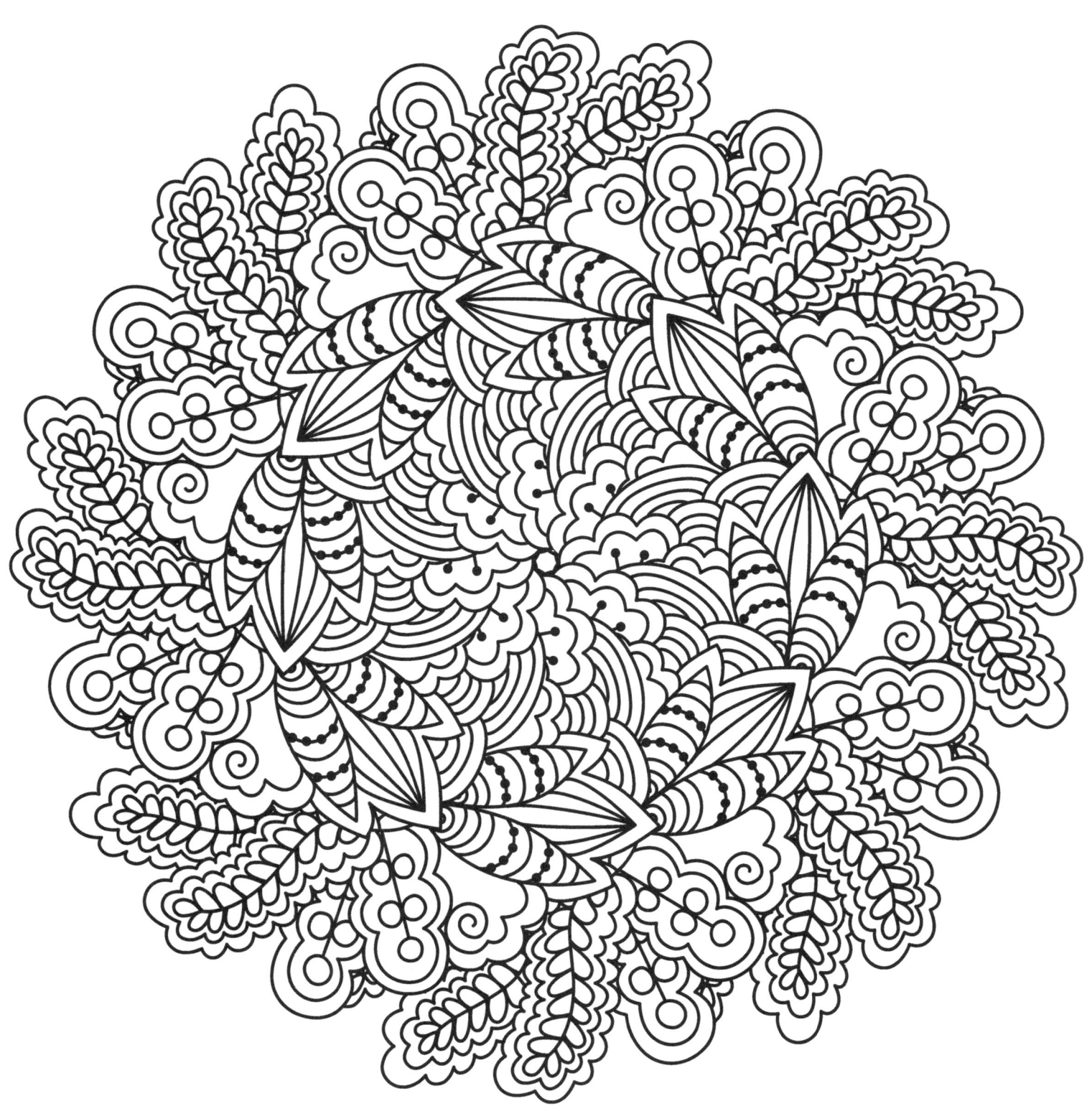

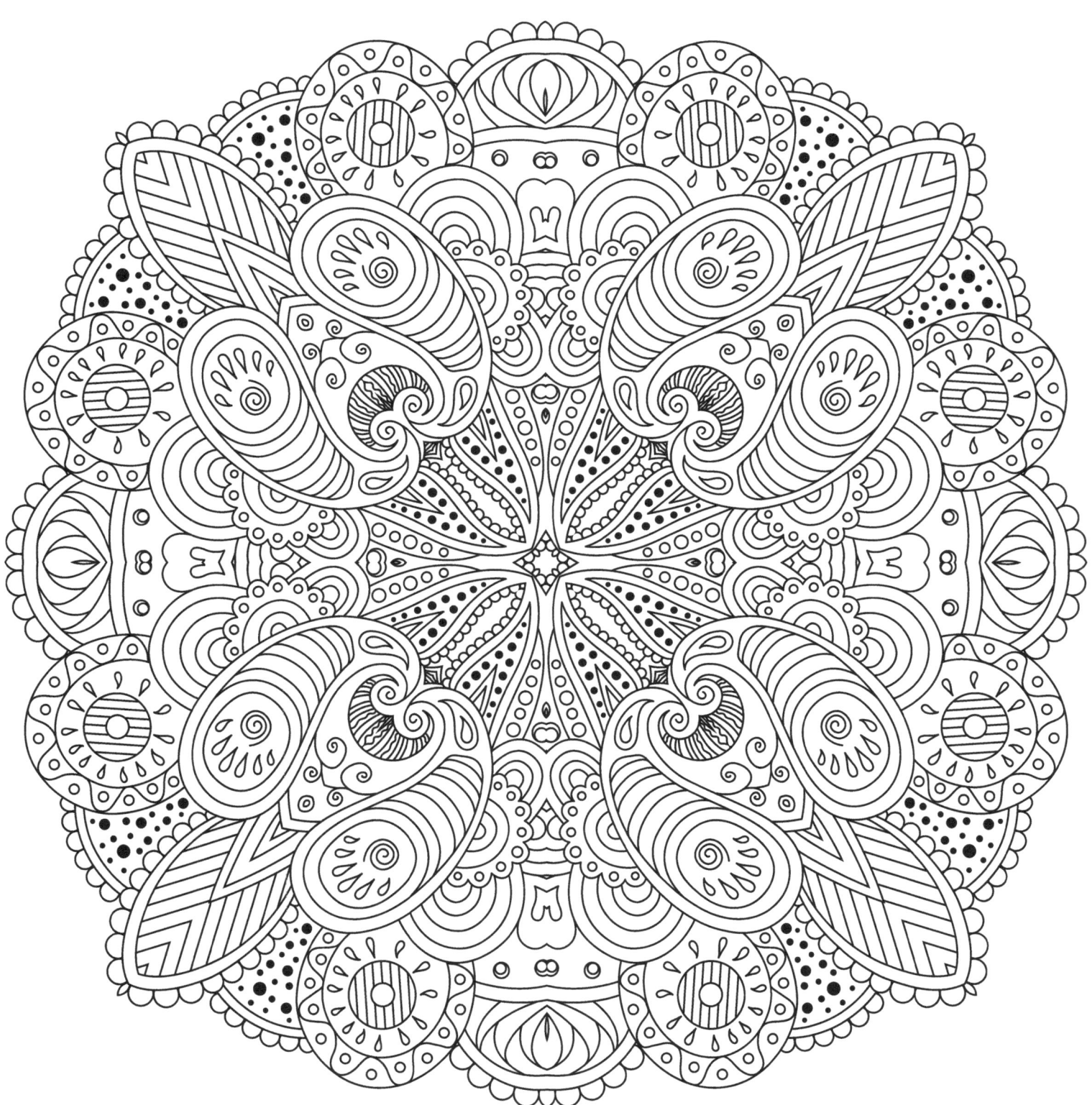

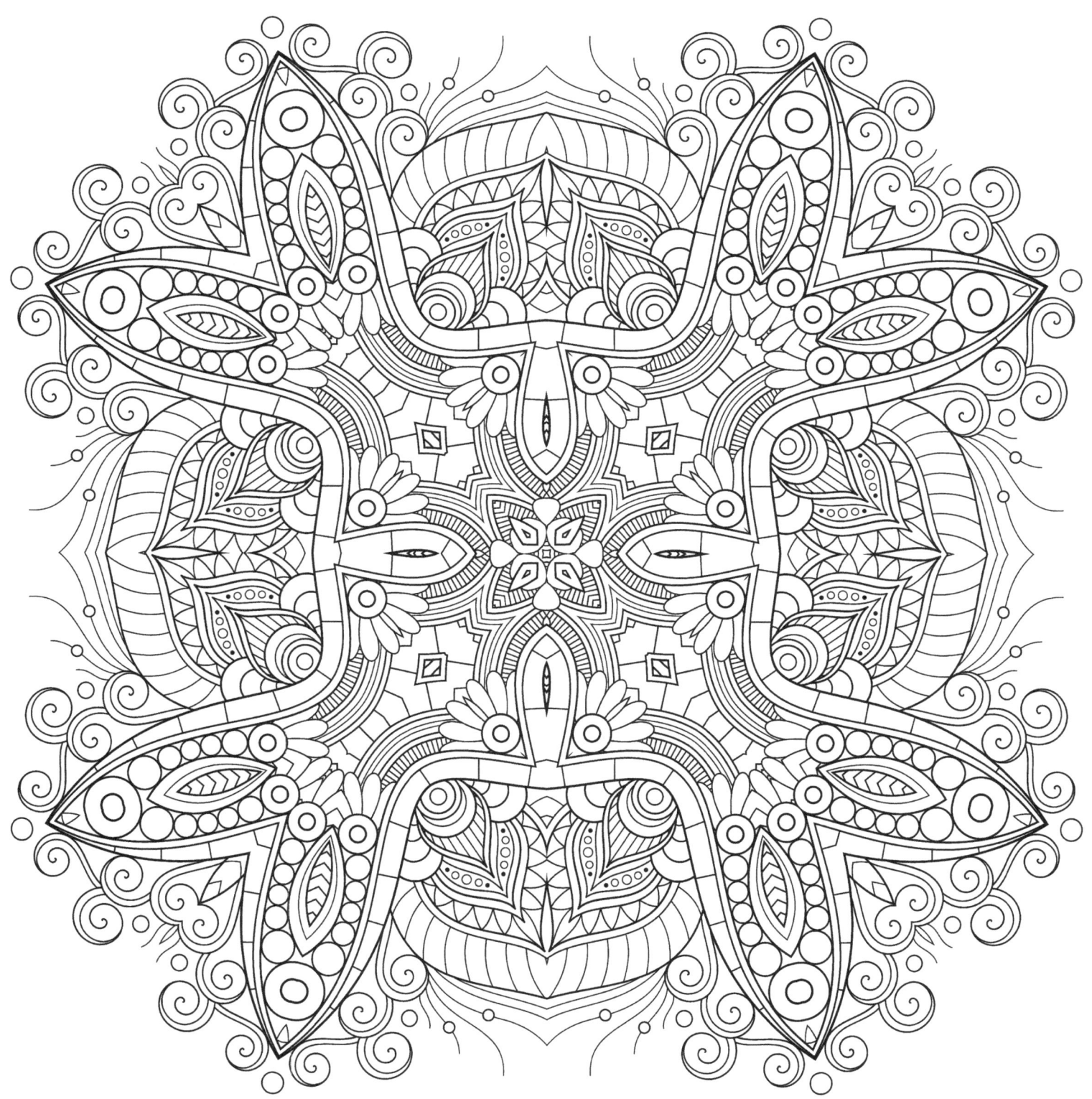

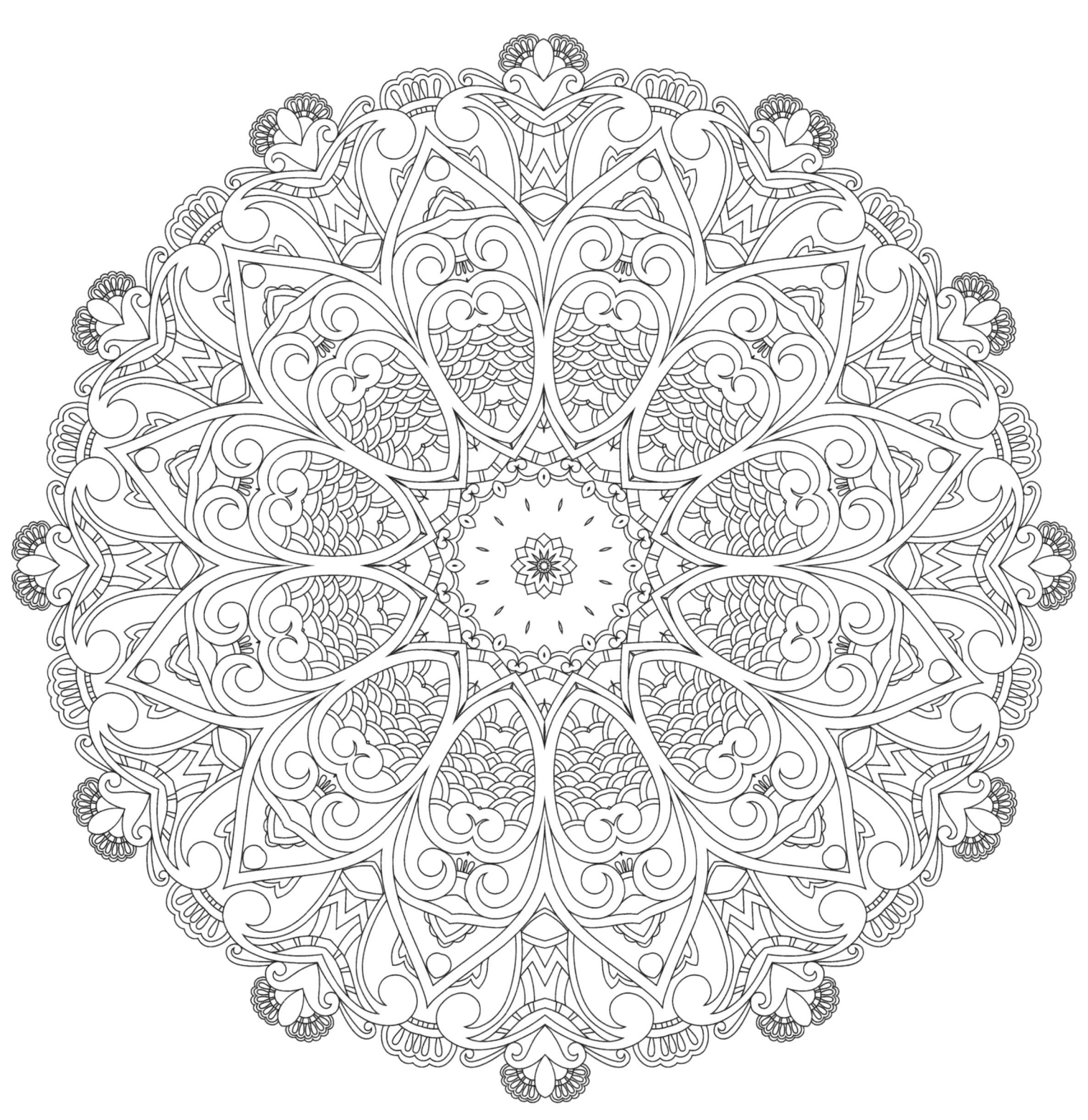

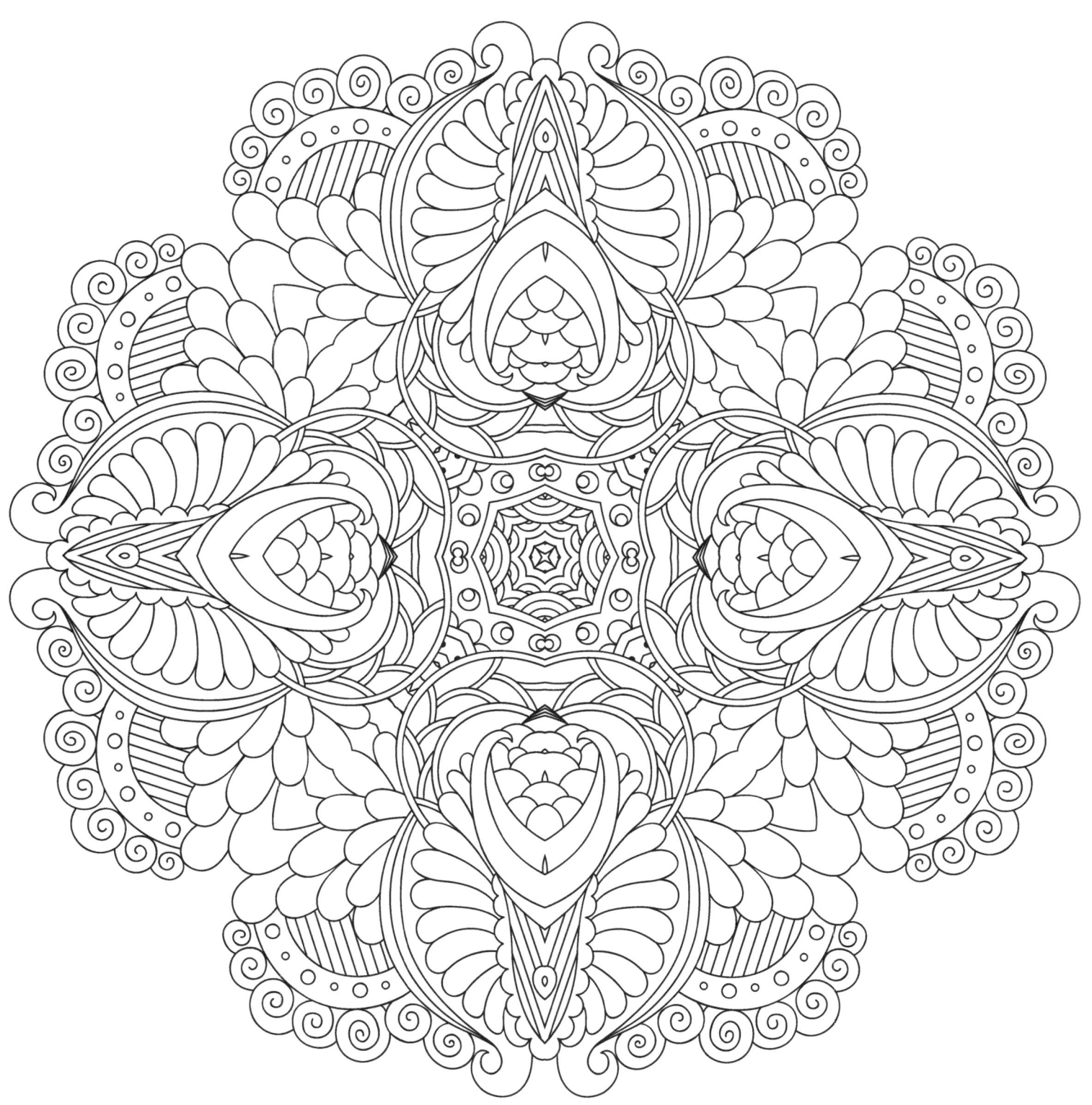

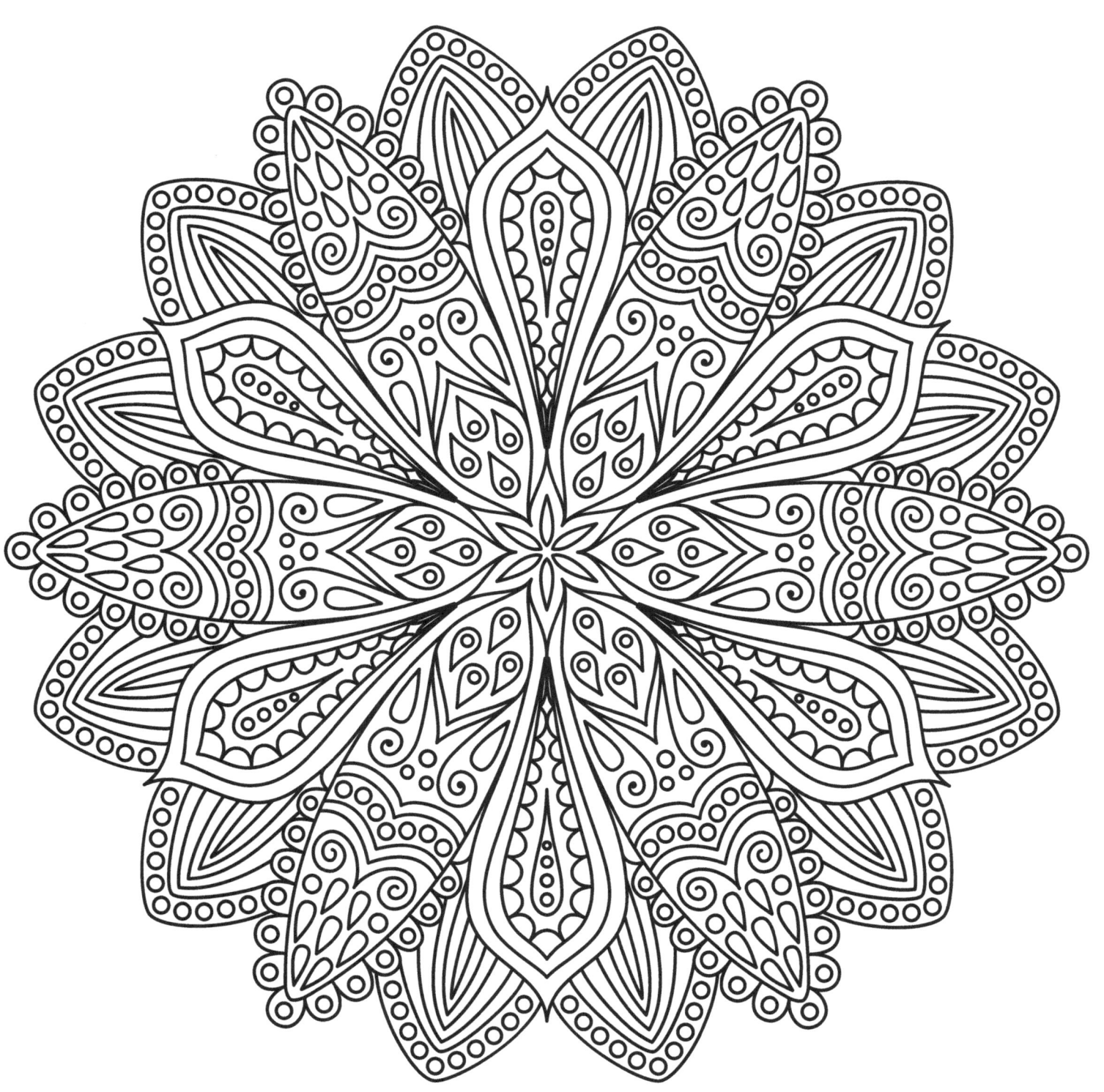

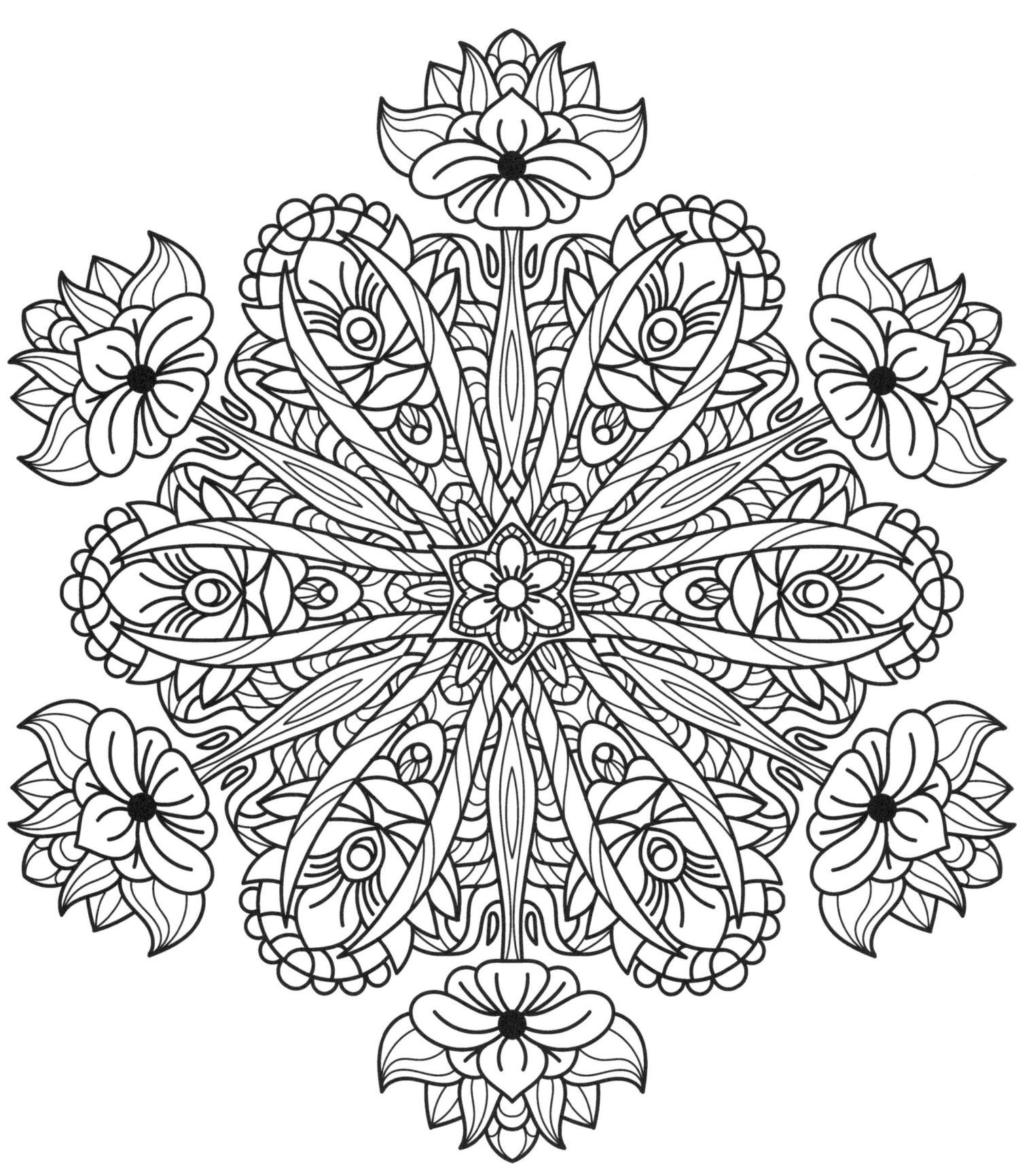

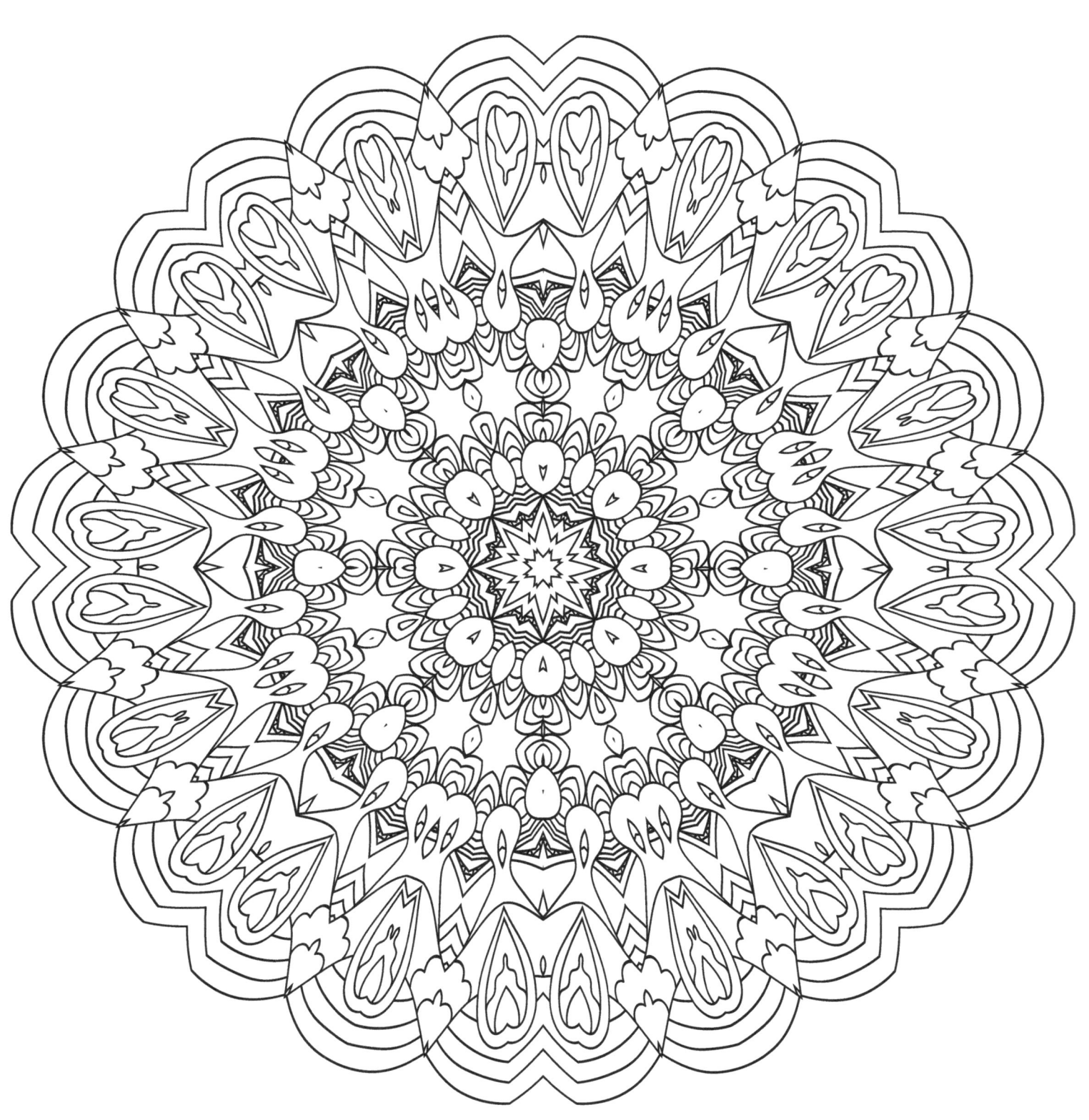

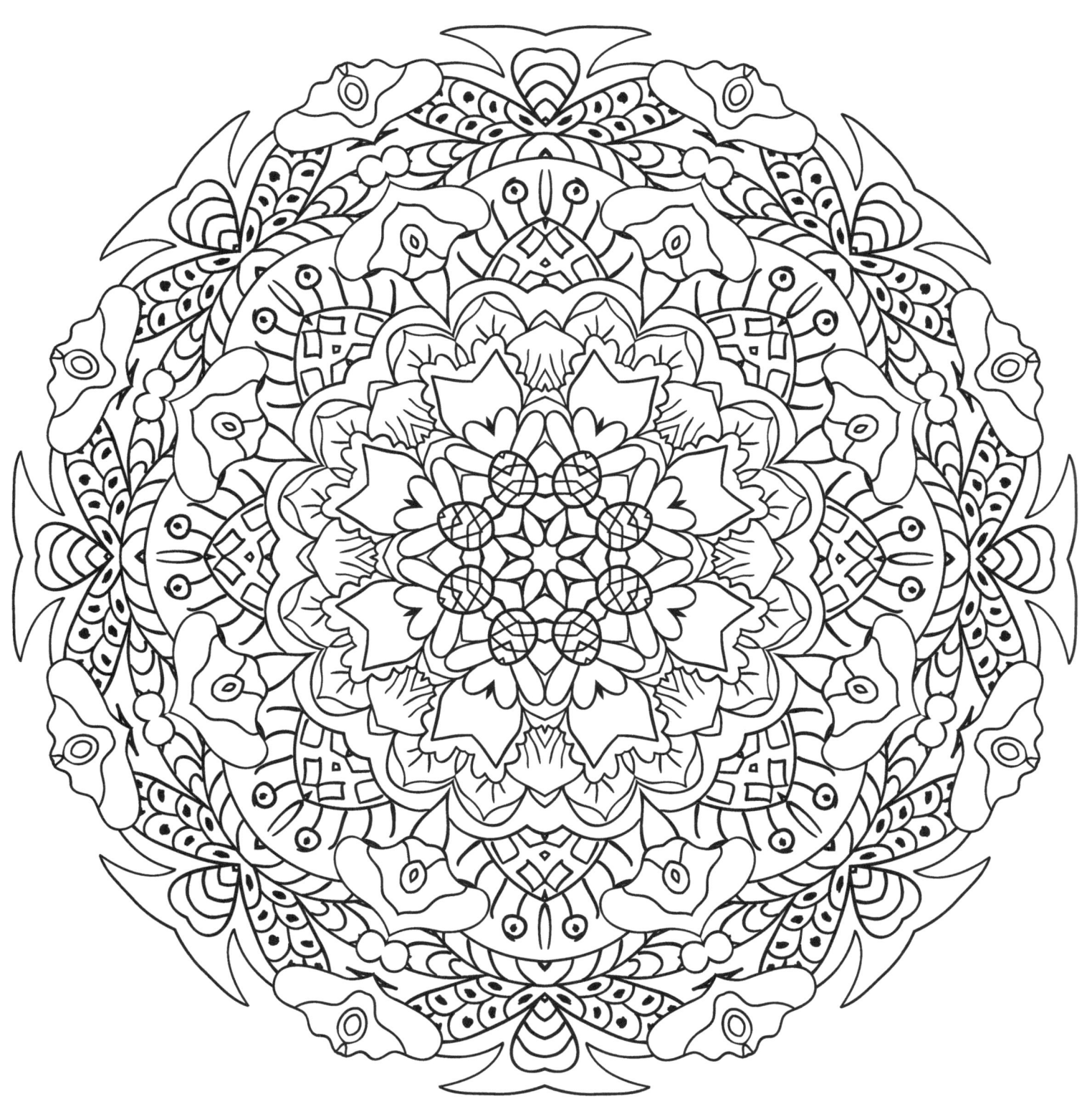

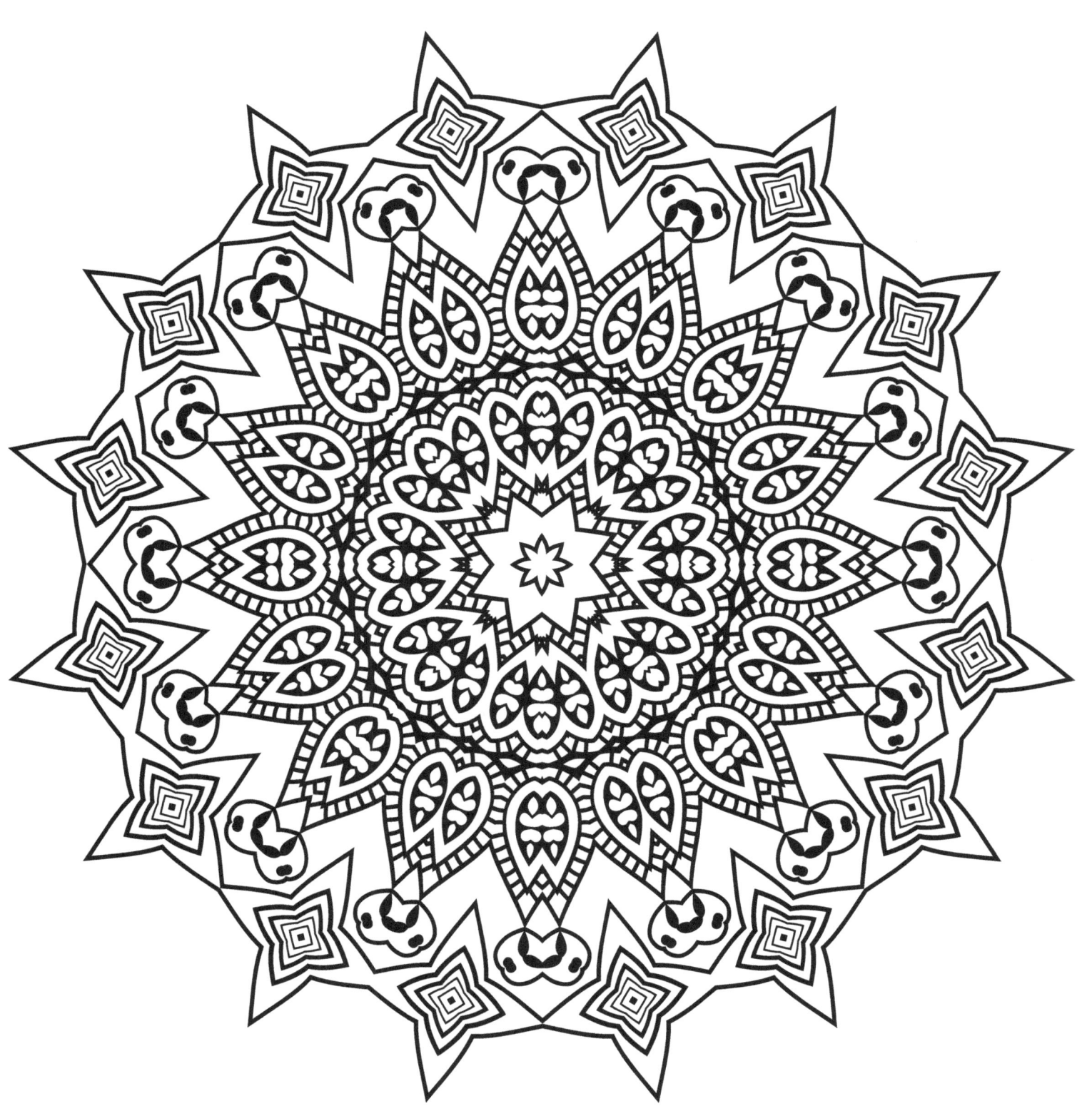

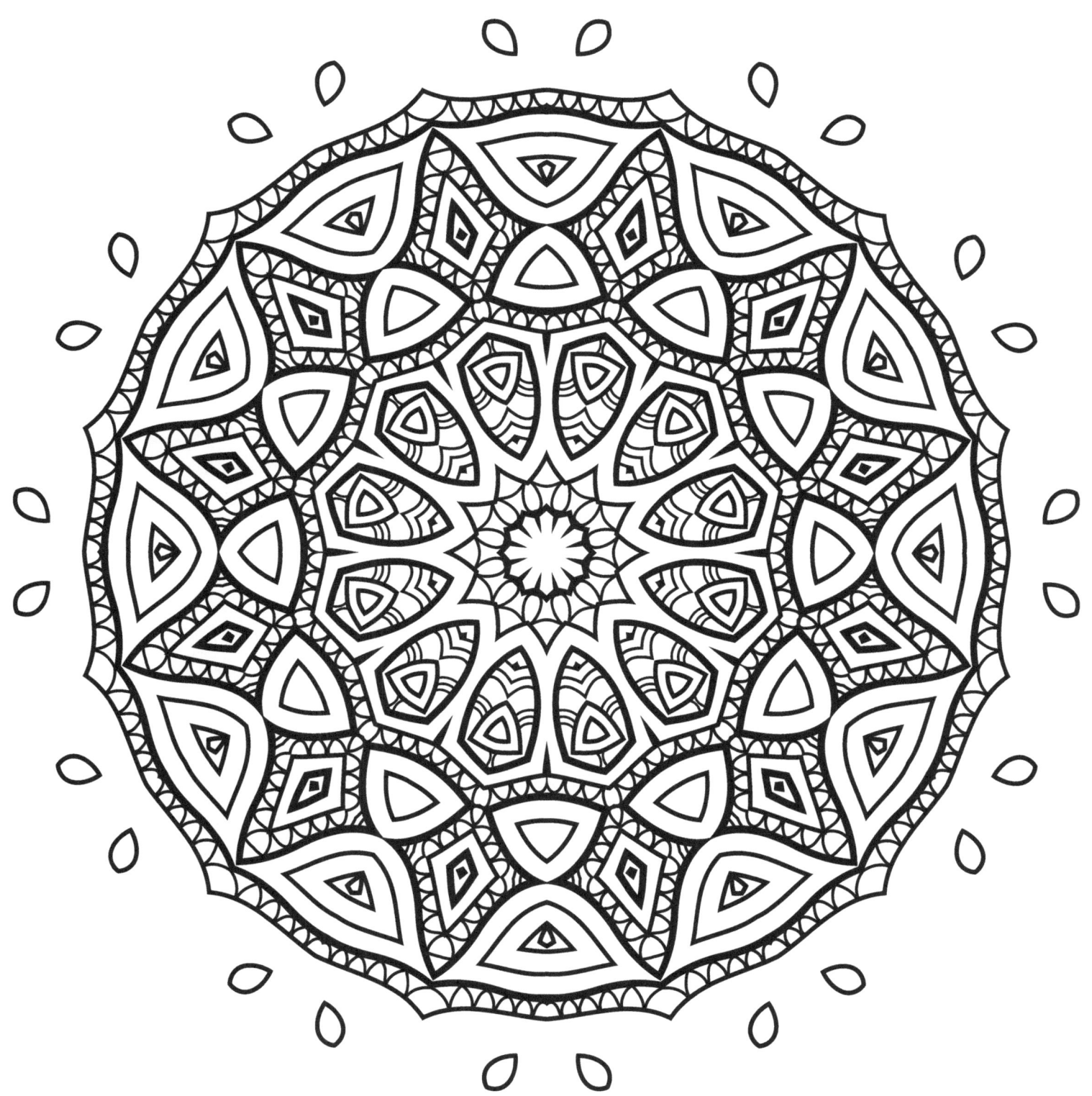

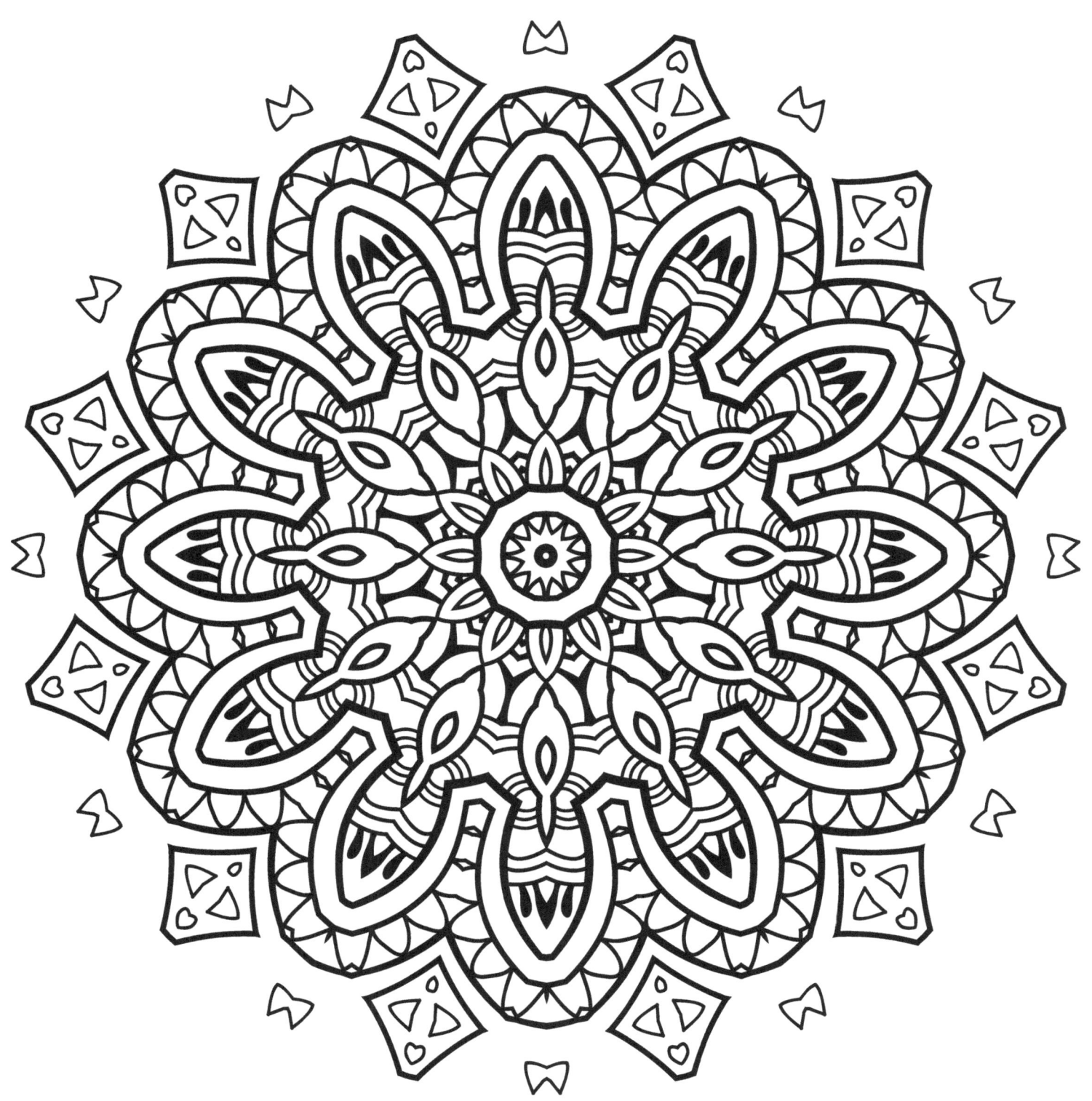

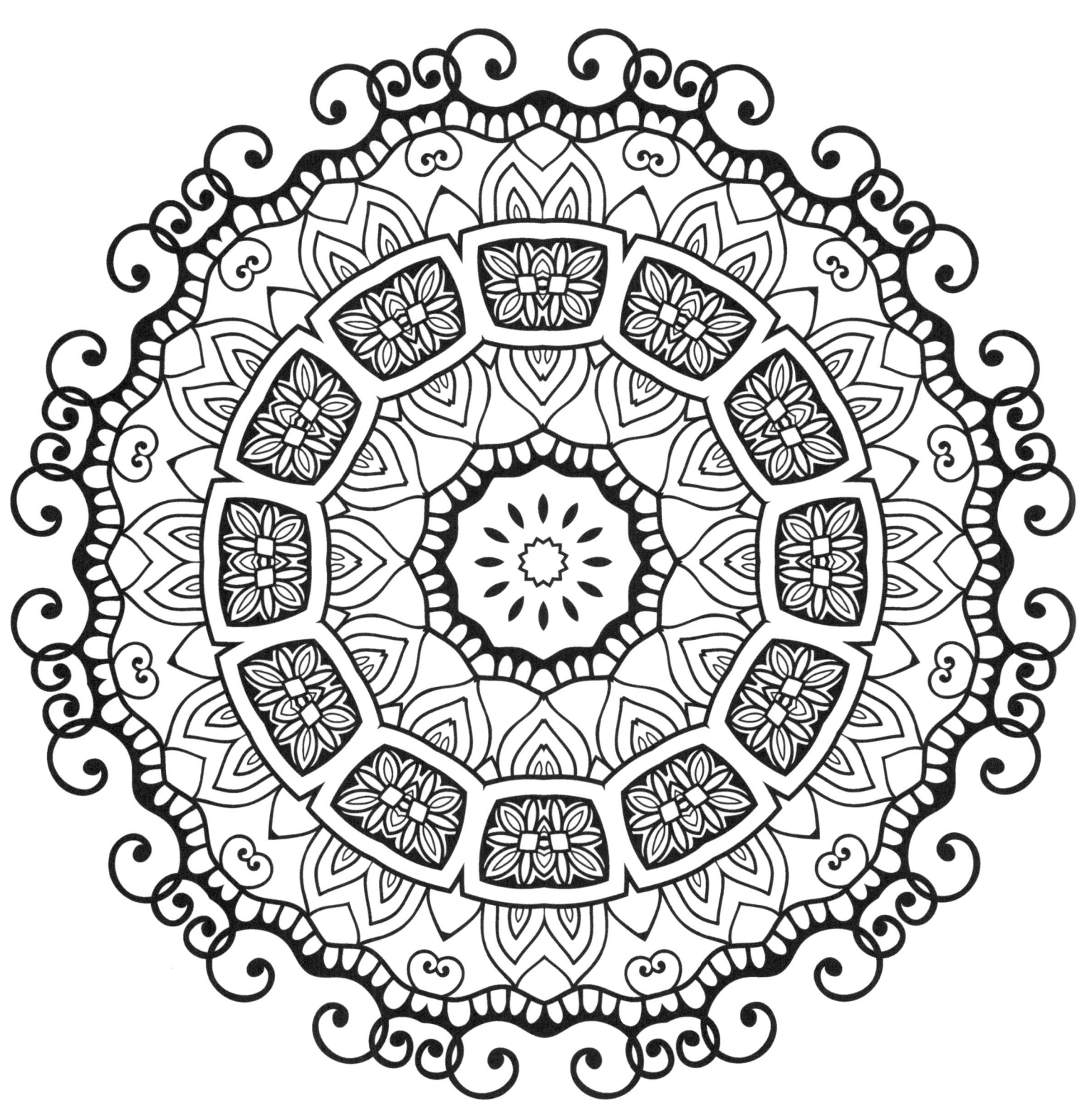

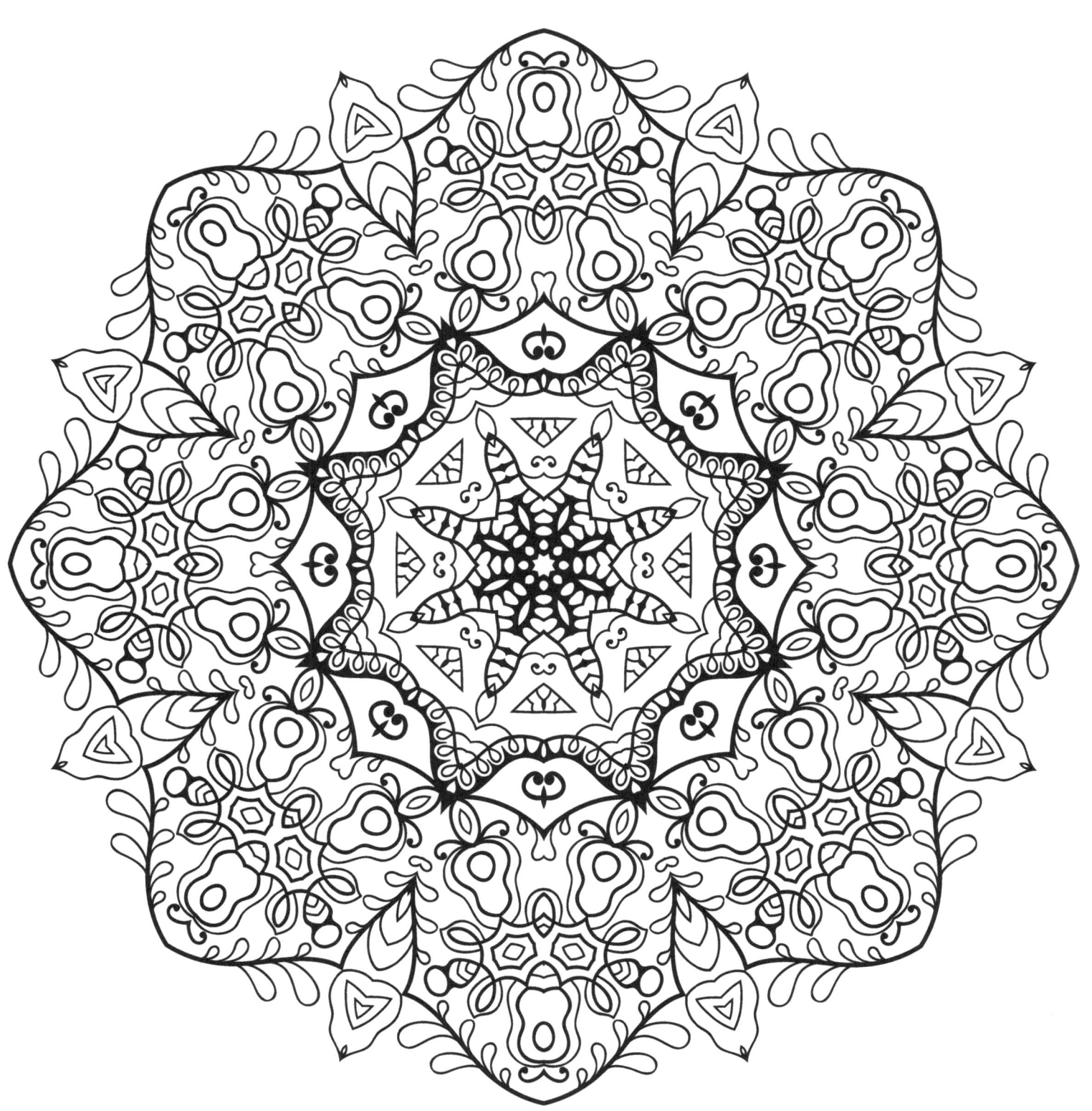

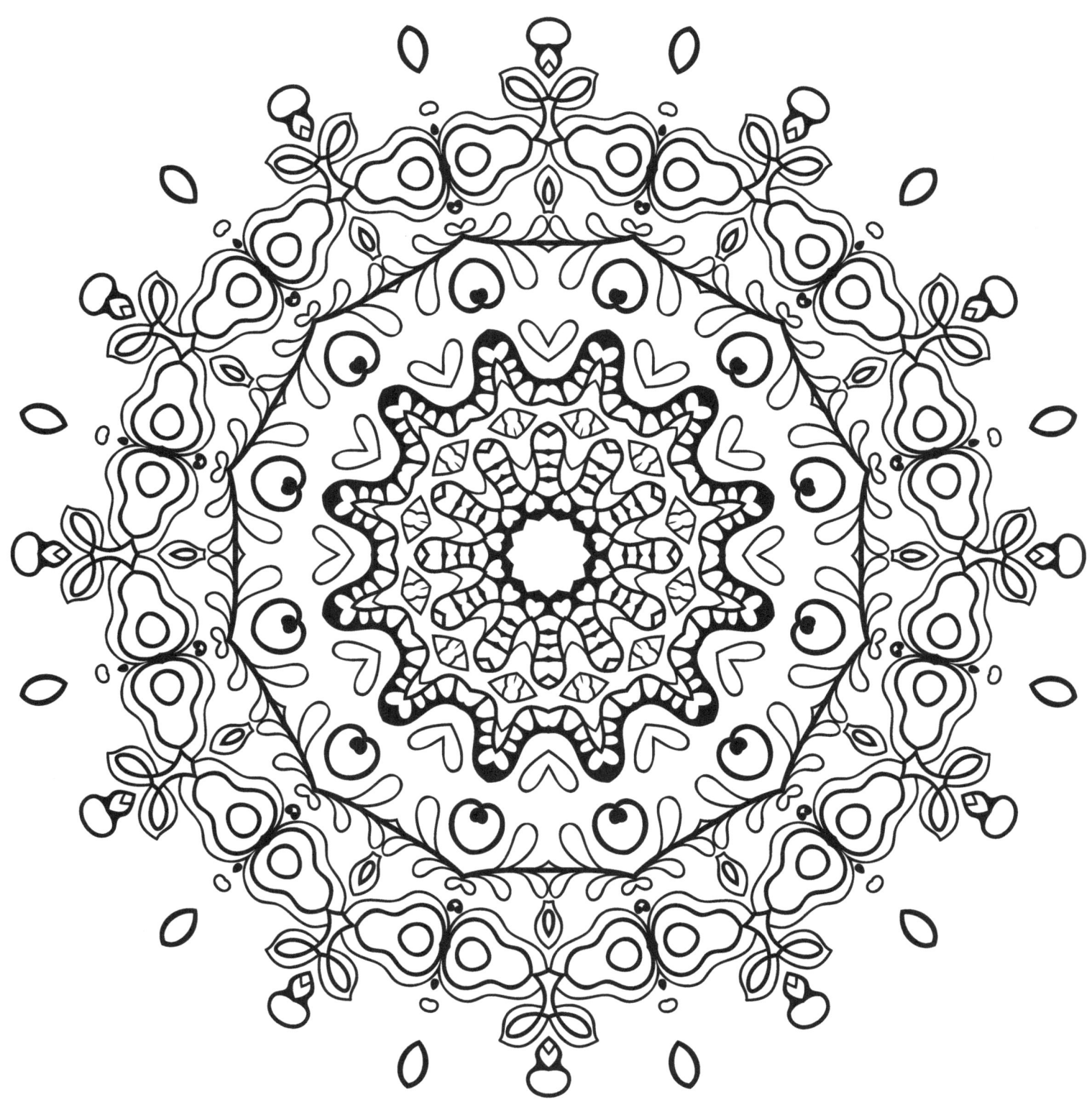

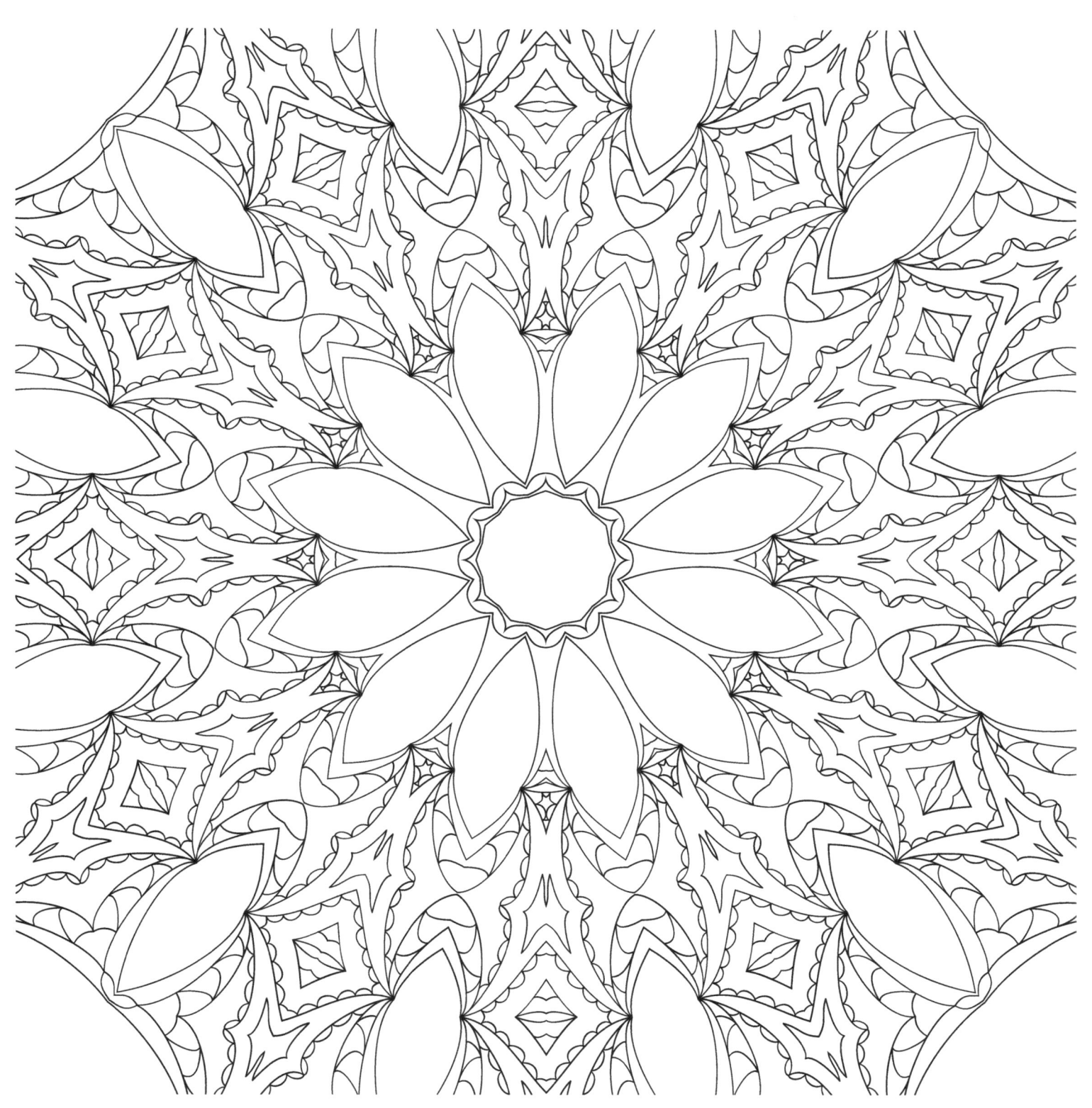

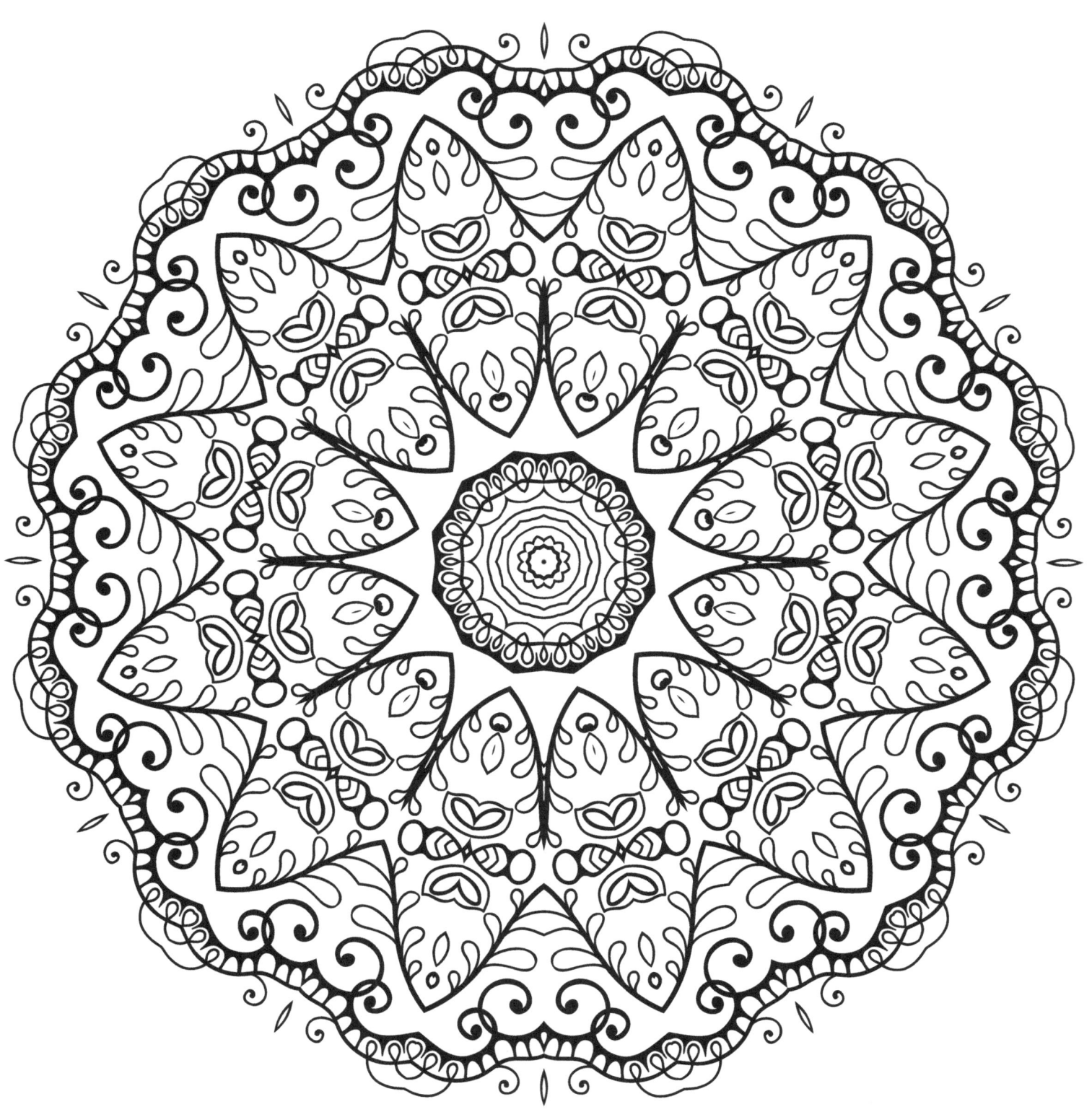

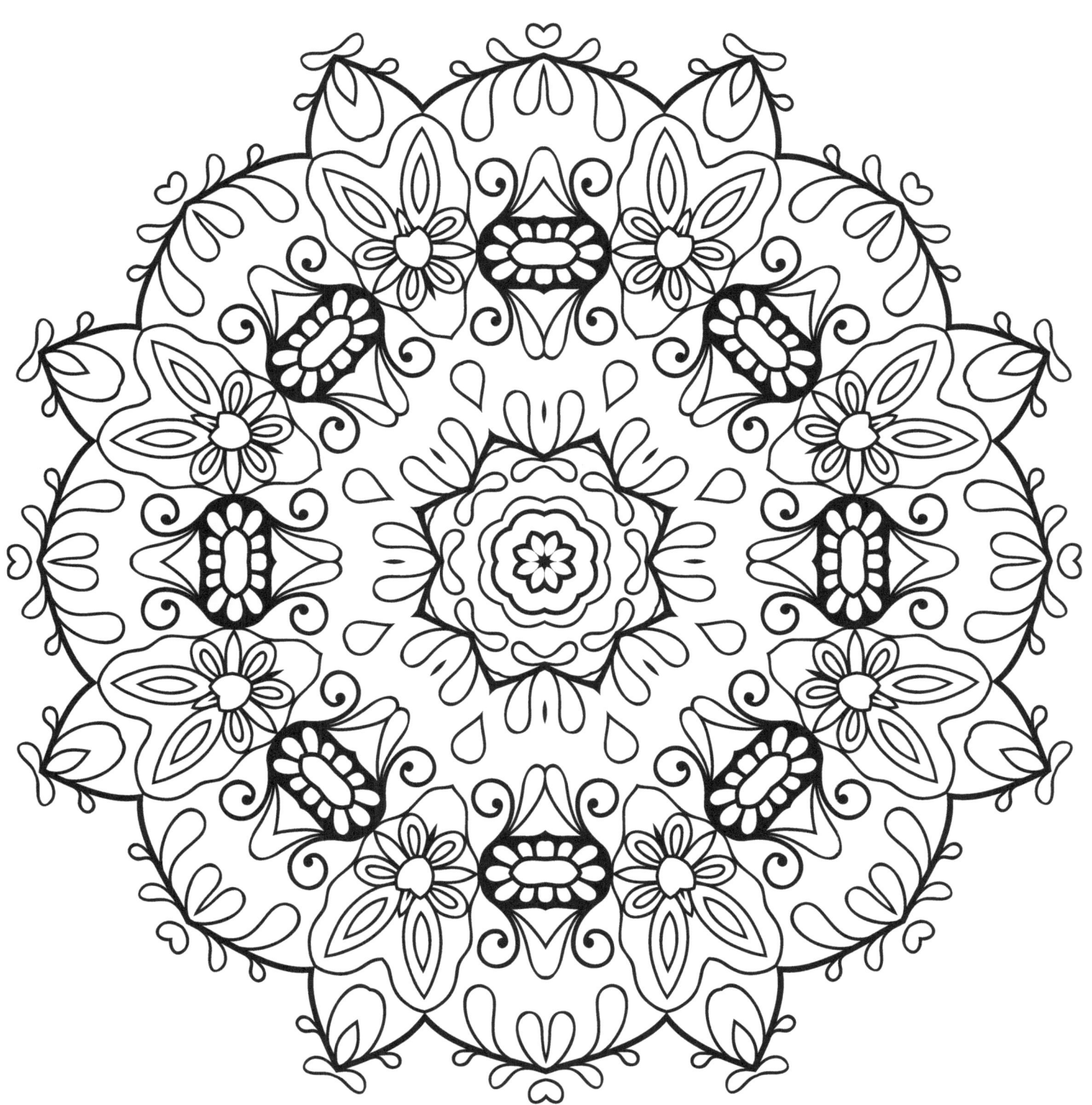

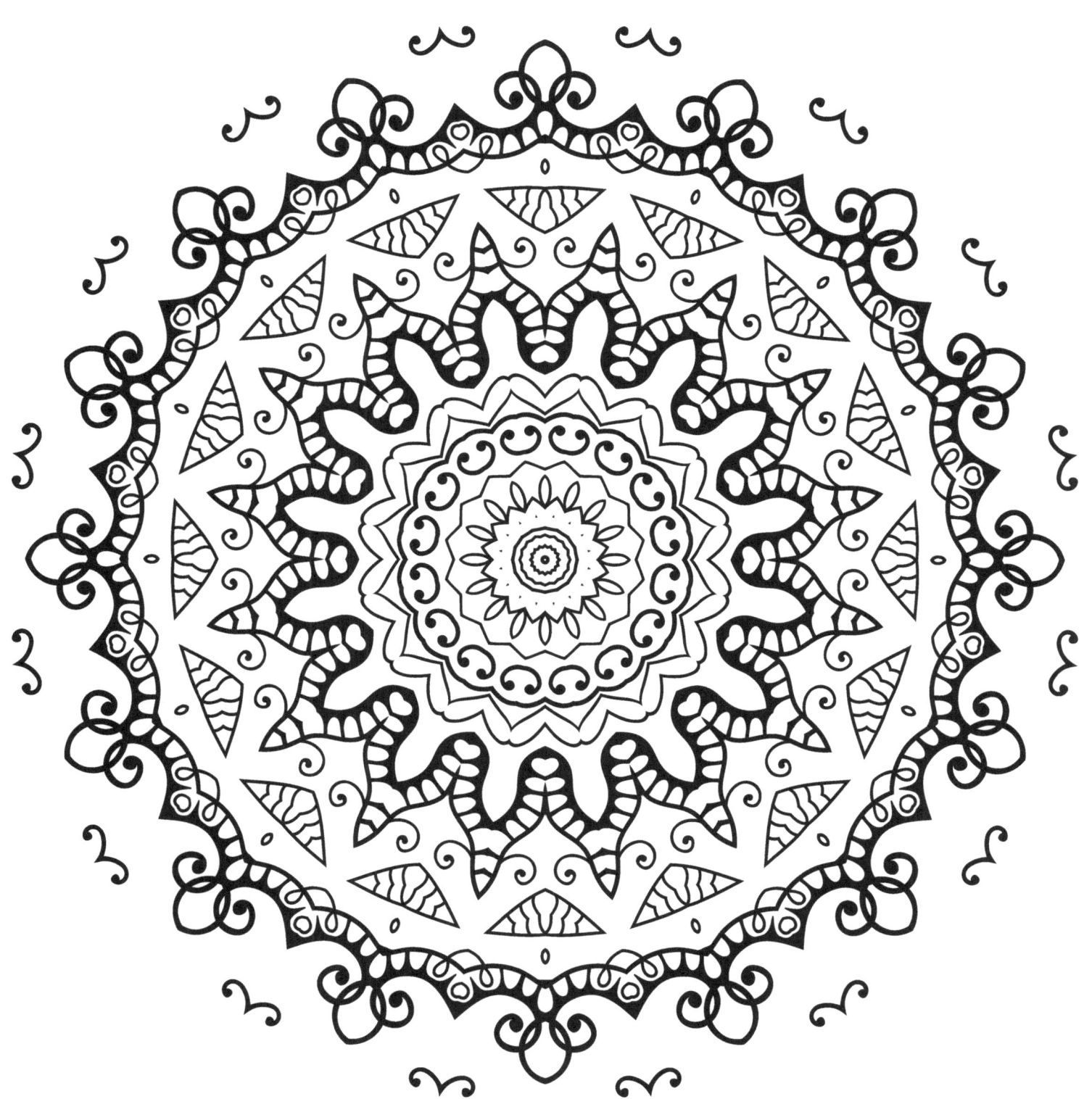

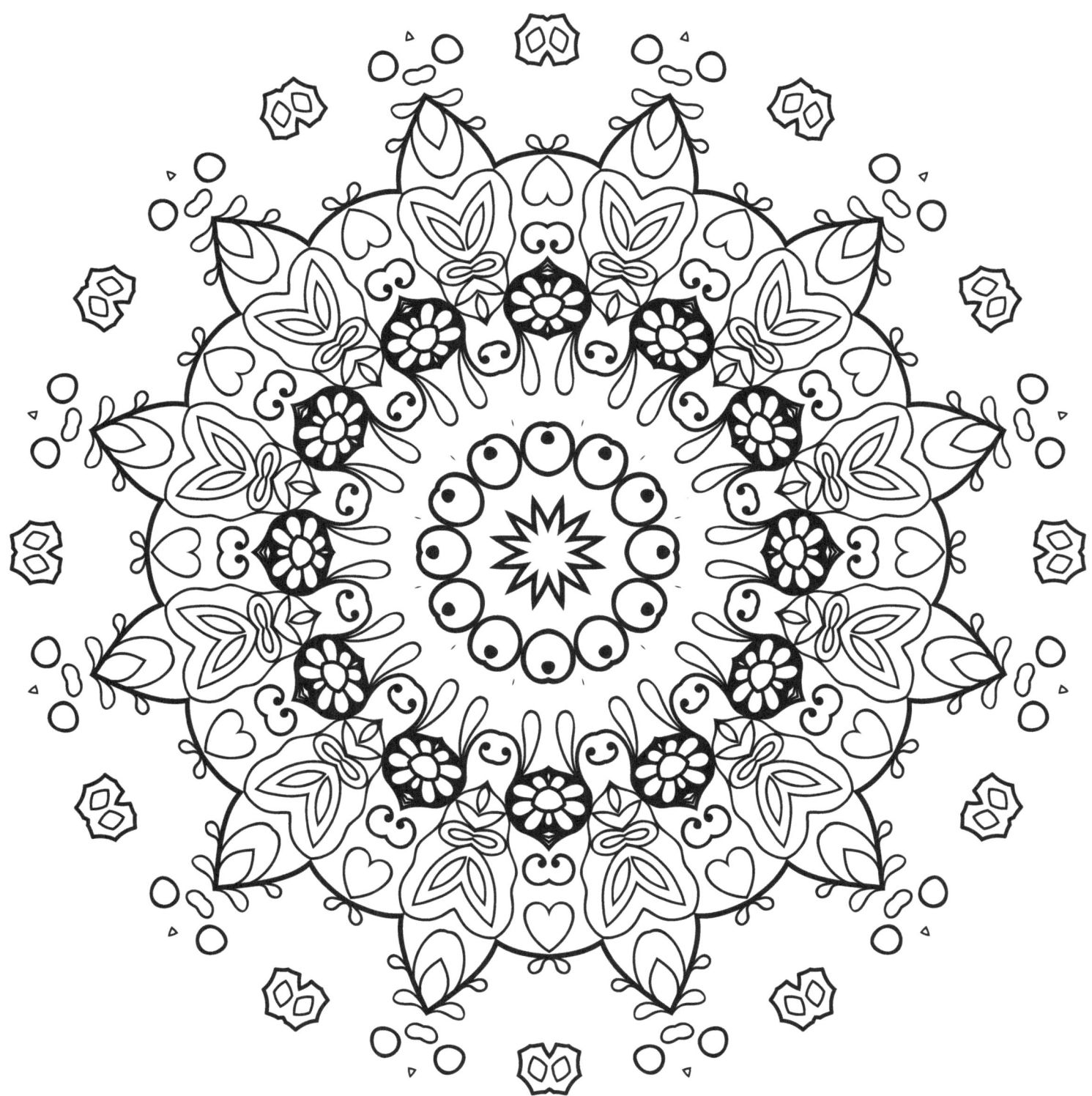

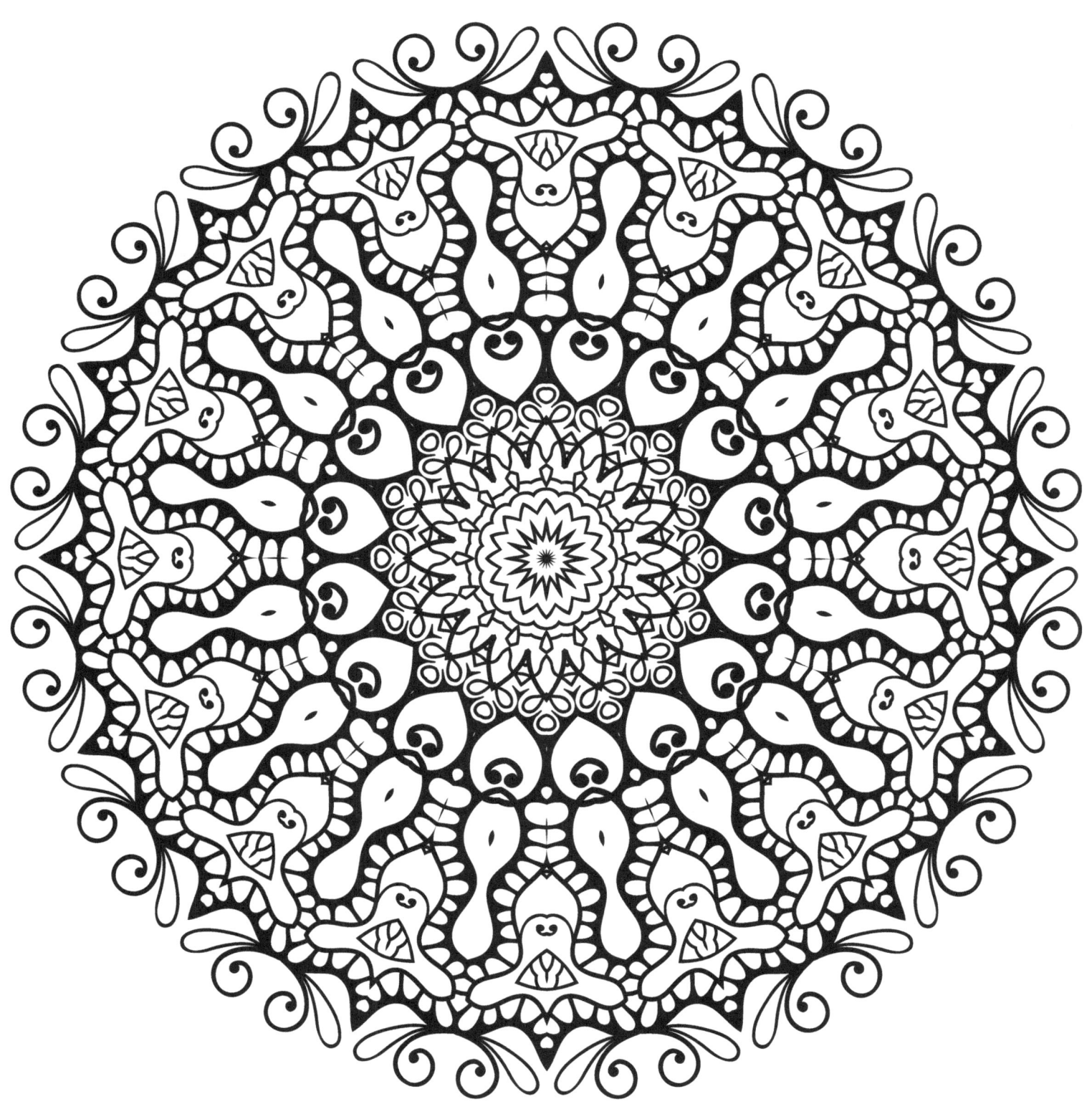

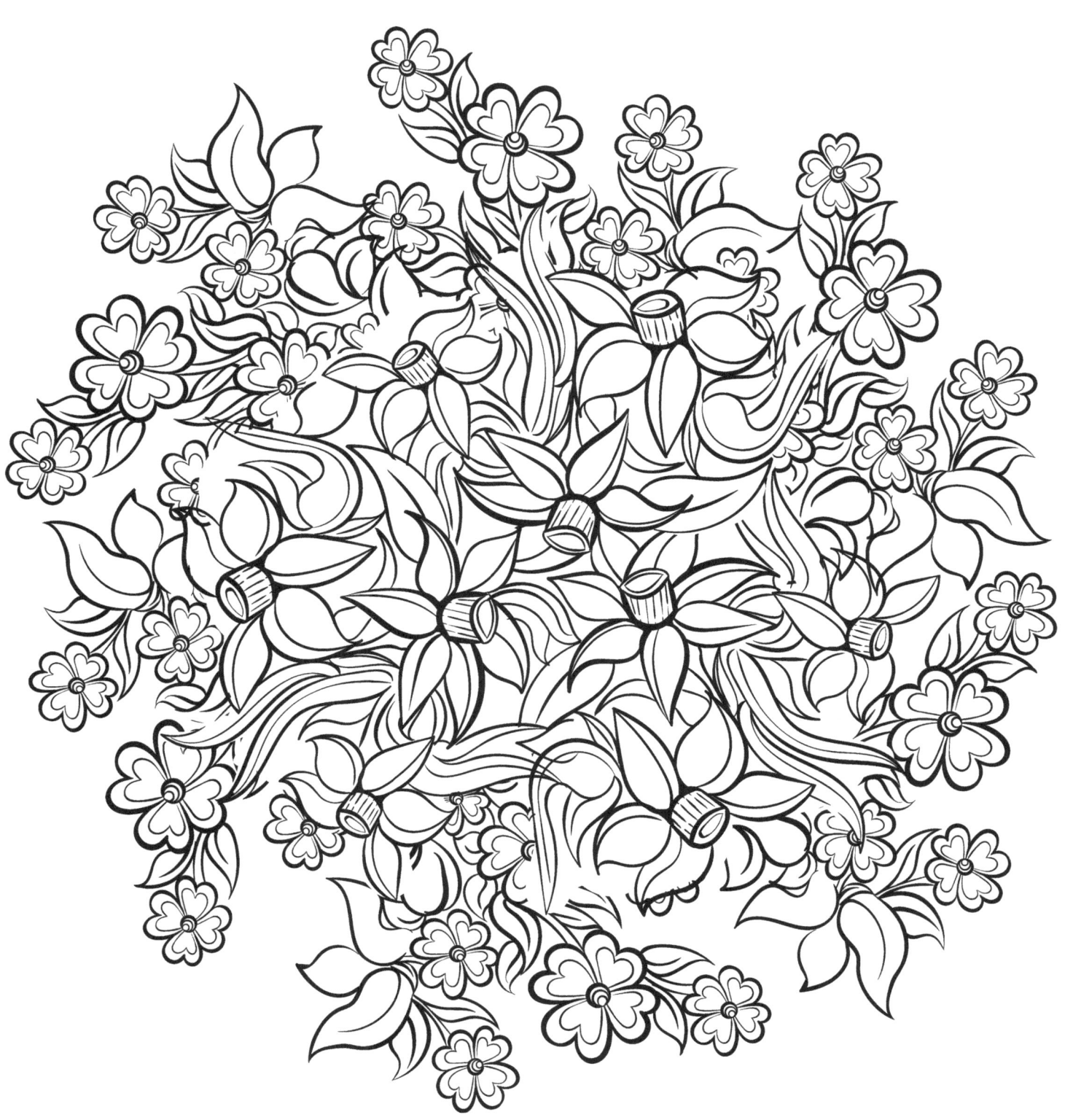

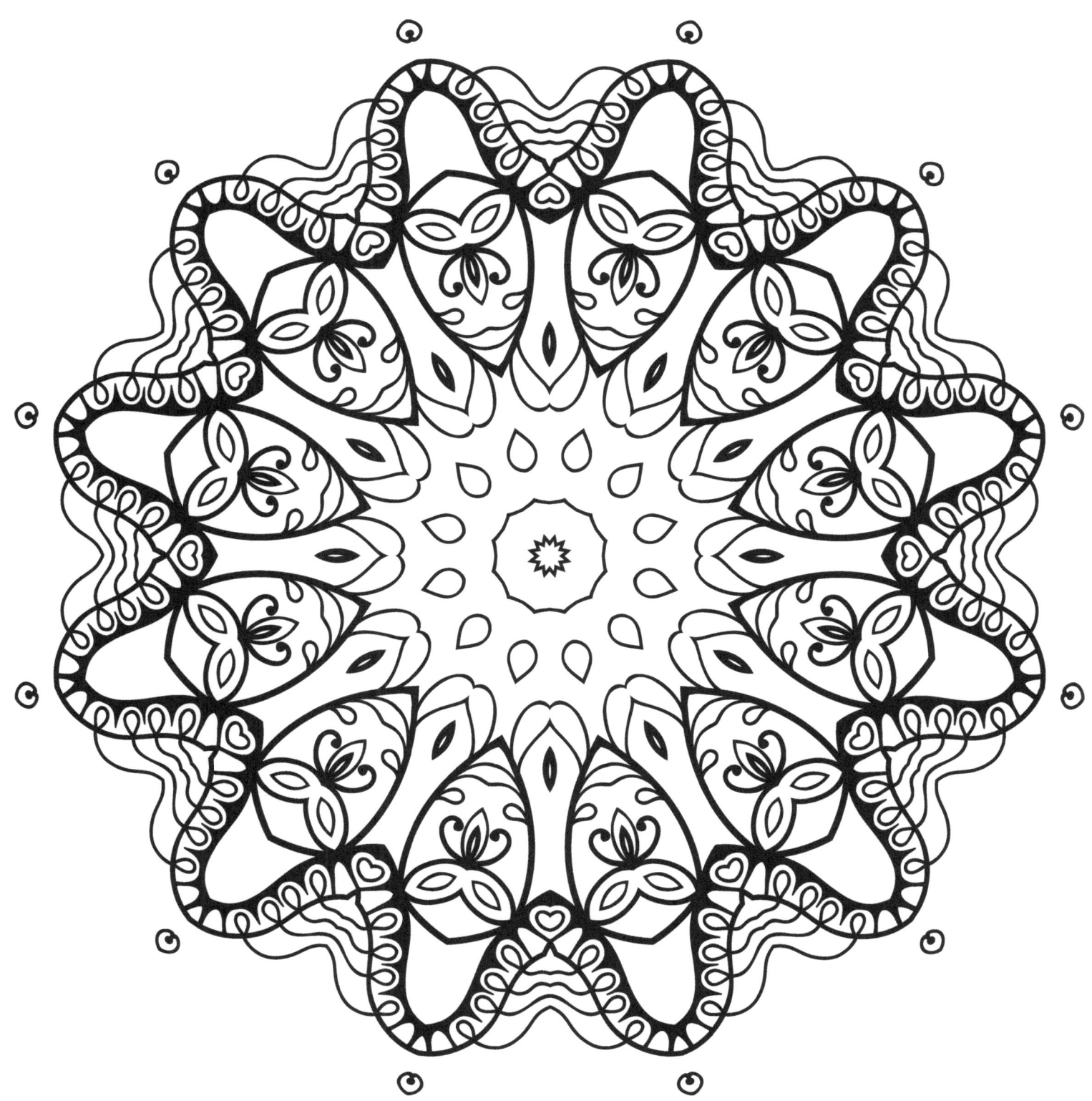